Bernard

LE VIE DELL'UMILTA'
E DELL'ORGOGLIO

Ascoltalibri Edizioni
www.ascoltalibri.it

Prefazione

Tu mi chiedesti già, o fratel Goffredo, di esporti in una forma un po' più ampia quel che avevo detto via via, ai miei confratelli, parlando dei vari gradi dell'umiltà, ed eccomi ora pronto a contentarti, come doveroso, in questo giusto tuo desiderio. Devo confessarti però che ho una gran paura, e proprio non mi son sentito il coraggio di metter mano all'opera, senza far prima bene i miei conti, come dice il Vangelo, per vedere se ho di che portarla in fondo. E' vero che la carità ha cacciato via questa gran paura di cominciare e non poter finire, ma me n'è entrata subito addosso un'altra, quella che cioè per me sarebbe stata più pericolosa la lode del lavoro compiuto anziché la vergogna di rimanere a metà. Così messo quasi ad un bivio tra la paura da una parte e la carità dall'altra, ho esitato lungamente sulla strada da scegliere, temendo o di esser poco modesto per esserti utile se parlo, oppure di non esserti utile per voler essere modesto se taccio.
Veramente nessuna delle due mi è parsa sicura ma pur dovendo prenderne una ho preferito esserti utile per quel che valgo, intrattenendomi con te piuttosto che rifugiarmi solo solo nel porto tranquillo del mio silenzio.
Anzi vedi nutro fiducia che, se mi capiterà di dire qualcosa di tuo gusto, riuscirò a non insuperbirmi in grazia delle tue preghiere. Se poi, ed io me l'aspetto, non avrò messo insieme niente che meriti la tua attenzione, non potrò davvero insuperbirmi di un bel nulla.

LIBRO PRIMO

CAP. I
"Cristo è la via dell'umiltà per cui si giunge alla verità"

Dovendo dunque parlare dei vari gradi dell'umiltà che il beato Benedetto ci propone, non già perché noi semplicemente li enumeriamo, ma affinché per essi ci eleviamo, voglio prima mostrarti la cima da raggiungere e così guardando al premio che lassù ci aspetta sentiamo meno la fatica del salire.
Il Signore ne addita con queste parole il difficile cammino e la bella ricompensa: " Io sono la Via, la Verità e la Vita". L'umiltà la chiama via che mena alla verità, fatica l'una e l'altra frutto di tal fatica. Ma come posso io sapere che il Signore parla qui dell'umiltà? Se Egli ha detto in generale: "io sono la Via"? Eccoti queste Sue parole ancora più chiare: " Imparate da Me che son mansueto e umile di cuore."
Dunque Egli propone se stesso come modello di umiltà, esempio di mansuetudine, seguilo e non camminerai nelle tenebre ma avrai luce di vita, e questa luce di vita che cos'è mai la verità che illumina ogni uomo al suo comparire nel mondo, gli mostra dov'è la vita vera! Per questo vedi, dopo aver annunziato: "Io sono la Via e la Verità" - aggiunge subito - "e la Vita", quasi dicesse "Io sono la Via e conduco alla Verità, sono la Verità e prometto la Vita, sono la stessa vita e dono." "Questa è la vita eterna," Egli aggiunge , "conoscere te vero Dio e Gesù Cristo, mandato da Te."
Potresti farmi un'altra difficoltà: "La vedo bene la via, cioè l'umiltà, e ne desidero la metà cioè la verità, ma che mi giova se pur desiderandola è tanto lo sforzo del salire che non posso sperare di raggiungerla?" Ti risponde: "Sono Io la Via, il viatico che ti sostiene lungo il cammino, Egli grida ai dispersi ed a coloro che non sanno la strada. Io sono la Via! Ai dubbiosi ed agli increduli. Io sono la Verità! A quei che salgono ma sentono già la stanchezza: Io sono la Vita!."
Così mi sembra di aver assai chiaramente dimostrato con le parole stesse del Vangelo, come la cognizione della verità è frutto di

umiltà. Ma leggi ancora: "Ti rendo testimonianza, o Padre, perché hai nascosto tali cose, certo le verità più profonde ai sapienti ed ai prudenti, cioè ai superbi e le hai rivelate ai bambini cioè agli umili." E' chiaro da queste parole come la verità nascosta ai superbi viene rivelata agli umili. L'umiltà si può definire: "è la virtù per il quale l'uomo conoscendo con piena verità se stesso, intende la sua miseria." Essa è dunque è proprio quel che ci vuole per uno che desiderando in cuor suo di elevarsi sempre più in alto, avanza di virtù in virtù cioè per i vari gradi fino al culmine dell'umiltà, dove vivendo nella contemplazione, novella Sion, può ben drizzare lo sguardo alla Verità. "Certo," continua il Salmo, "lo benedirà il legislatore perché se ha dato la legge darà pure la benedizione, cioè se ha comandato l'umiltà guiderà pure alla verità." Questo legislatore poi chi sarà mai se non il Signore buono e retto, che dette la sua legge ai dispersi lungo la via. Perché davvero si perdono lungo la via, quelli che perdono la Verità. Eppure saranno essi così abbandonati da un Signore tanto buono? No, che anzi proprio a loro il Signore nella Sua bontà e rettitudine addita il cammino dell'umiltà su cui possono giungere alla Verità. Offre loro un mezzo di salvarsi perché è buono, non senza la disciplina di una legge perché è retto e buono e non lascia perire. E' retto e non tralascia di punire.

CAP. II
"Con quale frutto si ascenda per vari gradi dell'umiltà"

Questa via che riconduce alla verità, il beato Benedetto la distingue in dodici gradi: come per i dieci comandamenti e la doppia circoncisione che fanno in tutto dodici, si giunge fino a Cristo, così salendo questi dodici gradi si giunge al possesso della verità. Anche la visione apparsa in sogno a Giacobbe, quando egli vide la famosa scala simbolo di umiltà, ed il Signore che stava lassù poggiato alla cima, qual significato ha mai, se non che al culmine dell'umiltà si ha il possesso della verità?
Il Signore dall'alto della scala, riguardava i figli dell'uomo: è la Verità il cui occhio non può né ingannare né essere ingannato, che osserva che vi sia ancora un savio che cerchi Dio, e da tanta altezza sembra gridare alle anime desiderose: "Venite a me, oh voi tutti che mi bramate, saziatevi dei miei doni." E quell'altre parole: "Venite a

me, voi tutti che siete stanchi ed affaticati, io vi ristorerò!". Dice: "Venite!". Ma dove? Fino a me che sono la Verità, ma come? Per l'umiltà. Con qual frutto? Io vi darò ristoro, quale? Quello promesso dalla verità a chi ascende e concesso a chi raggiunge la metà. E' questo forse il ristoro della carità? Ma ad essa, dice il Beato Benedetto, il monaco giungerà appena avrà salito tutti i vari gradi dell'umiltà. Veramente dolce, soave cibo è la carità la quale sostiene gli stanchi, da vigore ai fiacchi, allieta i mesti, rende insomma il giogo della verità soave come lieve peso. Buon cibo è la carità, che posta al centro nel convito di Salomone, col profumo di diverse virtù, quasi fragranza di vari unguenti, rifocilla i bisognosi e li consola. Pace, pazienza, benignità, longanimità, gioia nello Spirito Santo ed ogni altro frutto di verità o di sapienza, sono le sue vivande. L'umiltà offre in quel convito, il pane del dolore ed il vino dell'afflizione, cibo per gli ultimi giunti, ai quali la verità dice: "Levatevi su, dopo di aver riposato, voi che mangiate il pane del dolore, finalmente la contemplazione trova in questo banchetto, il cibo robusto della sapienza, che è pane di fior di farina, insieme al vino che rallegra il cuore dell'uomo, le offre la verità ai perfetti, dicendo: "Mangiate, o amici, bevete e inebriatevi, oh carissimi". Sta scritto: "Al centro, la mensa è ricolma di carità per le figlie di Gerusalemme, cioè per le anime imperfette, le quali non potendo ancora nutrirsi di pane robusto, devono essere allevate con latte della carità, invece del pane, con l'olio invece del vino." E' detto appunto che la carità è al centro, perché le sue dolcezze non son concesse subito ai novellini trattenuti dal timore, ma neppure sazia le anime perfette, per le quali son riservate le soavità più ricche della contemplazione. Gli uni, bevendo al calice amaro del timore, devono ancora liberarsi degli umori cattivi di carnali piaceri, e così non sentono la bontà di quel latte, gli altri, già divezzati dal latte, amano nutrirsi più gloriosamente alle soglie della gloriosa eternità. Quindi solo quelli al centro che stanno ancora salendo, si assuefanno a certe melate pozioncine, e per la tenera età ne sono contenti.
Primo alimento è quello dell'umiltà: amara medicina. Secondo quello della carità: dolcezza che ristora. Terzo: quello della contemplazione, cibo robusto che fortifica. Ahimè, Signore degli eserciti, fino a quando rimarrai corrucciato per quanto preghi il tuo servo, e mi darai a mangiare il pane delle lacrime? A bere il vino delle lacrime? Chi mi farà sedere a quel dolce convito della carità?

Dove i giusti banchettano nel cospetto di Dio e ne esultano di gioia. Sicché io cessi di gridare al Signore nell'amarezza dell'anima mia: "Non mi punire!" e saziandomi degli azzimi della sincerità e verità, canti lietamente sulle vie di Dio che grande è la sua gloria. Eppure fa bene andare sulla via dell'umiltà per cui si tende alla verità. Si giunge al possesso della carità. Si è fatti partecipi dei frutti della sapienza. Come fine della legge è Cristo, così perfezione di umiltà è visione di verità, Egli venendo in noi ci dona la sua grazia, e rivelandosi somma verità genera carità Però non si rivela che agli umili e quindi agli umili concede la grazia.

CAP. III
"In quale ordine i gradi dell'umiltà conducono al premio della verità e in che senso Cristo per la sua passione apprese la misericordia"

Ho spiegato alla meglio qual'è il frutto che si coglie salendo via via i vari gradi dell'umiltà, ora voglio far vedere, se mi riesce, quale ordine si deve seguire per giungere al premio della verità, e siccome ad essa si va per tre gradi bisognerà pure che parli anche di questi, per spiegare più chiaramente quali relazioni vi siano tra i tre gradi della verità ed i dodici dell'umiltà.

La possiamo ricercare, la verità, in noi, nel nostro prossimo ed in se stessa. In noi scrutando bene l'intimo dell'anima, nel prossimo compassionando i suoi mali, in se stessa affissando in lei lo sguardo con purezza di cuore. Bada bene al numero e anche all'ordine. La verità ti insegna anzitutto come bisogna ricercare nel prossimo prima che in se stessa, poi vedrai in qual ragione tu debba cercarla in te poi nel tuo prossimo.

Tra le beatitudini che il Signore enumerò nel suo sermone, Egli ricorda i misericordiosi, prima che i puri di cuore, i misericordiosi vedi facilmente ritrovano la verità nel prossimo, uniformando i propri sentimenti ai loro, ed a loro unendosi così strettamente col vincolo della carità, che ogni gioia e dolore dell'uno è veramente gioia e dolore dell'altro: con gli infermi si fanno infermi, con gli scandalizzati ardono, con chi è lieto gioiscono, piangono con chi piange, e così purificata l'anima in questa fraterna carità e fatta capace di più profonde intuizioni, essi possono beatamente contemplare la verità in se stessa, il cui amore li fa compassionevoli, e partecipi dell'altrui miseria. Invece chi non conosce tale fraternità e insulta quei che piangono o rifugge dall'altrui allegrezza, come potrà accogliere la verità nei suoi fratelli, se non ne rivive in se la vita intima animato in se da ben altri sentimenti, torna a puntino per essi il comune proverbio "non lo sa chi è sano quel che prova un malato" oppure "corpo pieno non crede al vuoto". Invece quanto più uno cerca di farsi infermo con gli infermi, affamato con gli affamati, tanto più intimamente ne comprenderà le sofferenze, come la pura verità non si può conoscere se non con cuore puro, così i dolori di un fratello meglio si intendono con animo addolorato. Ma per avere un cuore compassionevole alla miseria altrui, devi prima conoscere la tua, i sentimenti del fratello devono essere i tuoi e allora, per esperienza propria, imparerai a venirgli in aiuto, dietro l'esempio del Salvatore nostro, il quale volle patire per saper compatire, si fece misero per imparare ad essere misericordioso, perché come sta scritto di Lui: apprese da quanto patì l'obbedienza così apprendesse pure la misericordia, non già che prima non la conoscesse, la sua misericordia è dall'eternità e durerà eterna, ma in quanto ciò che Egli dall'eternità conosceva per natura, lo apprese poi per esperienza nel tempo. Forse ti può sembrare strano quel che ho detto, che cioè Cristo, sapienza di Dio abbia imparato nel tempo ad esser misericordioso, come se Egli er il quale tutte le cose sono state fatte, possa averne ignorata qualcuna un giorno, tanto più che quelle parole dell'epistola agli ebrei si possono anche interpretare in altro significato, non assurdo mi pare, cioè quel che "Egli imparò" non si deve riferire alla persona a capo, ma a quel corpo mistico che è la chiesa, ed allora il senso sarebbe questo: apprese da quanto soffrì l'obbedienza, cioè Egli nel corpo suo mistico, imparò l'obbedienza da quando come capo aveva sofferto. Dimmi un po':quella morte, quella croce, gli insulti, i flagelli, gli sputi, tutti i patimenti sofferti da Cristo capo nostro, che cosa sono per noi sue membra se non esempio mirabile di obbedienza? "Cristo si è fatto obbediente." Dice Paolo, "fino alla morte, e alla morte di croce." "Perché?" Risponde l'apostolo Pietro. Cristo patì per noi lasciandoci il suo esempio, perché ne seguiamo le orme, come a dire che ne imitiamo l'obbedienza. Dalla passione si vede bene quanto dobbiamo faticare noi semplici creature, per quella virtù per cui Egli, Dio, non esitò a dare la vita, in questo senso non c'è nulla di strano, tu dici, ad ammettere che Cristo imparasse l'obbedienza o la misericordia o altra virtù, intendendo qui parlare delle sue membra, non della sua persona, a cui niente può sfuggire a cui niente può prendere tempo, è sempre lui che insegna ed impara la misericordia e l'obbedienza, essendo insieme capo e corpo mistico.

Non nego che questa seconda interpretazione sia giusta, però la prima è confermata, mi pare, da un altro passo della medesima lettera quando dice: " In nessun luogo infatti viene in aiuto agli angeli. Ma viene in aiuto al seme di Abramo per cui Egli dovette in ogni cosa esser simile ai fratelli per divenire misericordioso." Tali parole, se non sbaglio, bisogna riferirle al capo, non alle membra perché parla certo del verbo di Dio quando dice che non assunse l'unità angelica unendola a sé nell'unità della persona, ma quella del seme di Abramo. Non si legge davvero che il verbo si sia fatto angelo, ma il verbo si fece carne, carne della carne di Abramo, secondo la promessa a lui fatta, quindi per avere Egli assunto tale natura, dovette in tutto farsi simile ai fratelli, cioè bisognò che, divenuto capace come noi di patire, passasse necessariamente per tutte le nostre miserie eccetto il peccato. Come mai? Per divenir misericordioso. Indovino quel che vuoi dire: "Ma perché ciò non si può riferire alla membra? Leggi due righe più sotto, poiché per aver egli patì dopo essere stato tentato, può altresì porgere soccorso a coloro che sono tentati". Queste parole non so come meglio si possono spiegare se non appunto intendendo che Egli volle patire ed esser tentato, provar in se ogni umana miseria, che è quanto dire farsi in tutto simile ai fratelli, per imparare con propria esperienza ad avere pietà e compassione di tutti i tribolati e tentati come Lui.

Non dico che Egli per tale esperienza acquistasse una scienza nuova, ma che apparve a noi più vicino, fino al punto che i poveri figli di Adamo, divenuti non solo di nome, ma in realtà fratelli suoi, non devono avere più ritegno, a confidare a lui le proprie miserie, perché se come Dio può sanarle, come fratello lo desidera e le conosce ad una ad una., per averne Egli stesso portato il peso. Isaia lo chiama "l'uomo dei dolori che conosce il patire" e l'apostolo quando ci dice: "non abbiamo un pontefice che non possa compatire le nostre infermità" soggiunse, "massimilmente tentato in tutto eccetto il peccato. Oh certo Egli Dio beato, figlio beato di Dio, impassibile in quella forma per cui non credette fosse una rapina il suo essere uguale a Dio, prima di annichilirsi prendendo la forma di servo, come non aveva provato la miseria e la soggezione, così non poteva conoscere per pratica l'obbedienza e la compassione, e conosceva per essenza non per esperienza, quando invece non solo Egli umiliò se stesso e si fece di poco inferiore agli angeli, impassibile per grazia non per natura, riducendosi a quella forma in cui poteva patire, ad essere soggetto, come avrebbe potuto davvero, lo ripeto nella forma sua propria, allora col patire imparò la compassione, con l'assoggettarsi l'obbedienza. Così non crebbe certo in Lui la scienza si è visto, ma in noi la fiducia, perché mentre andavamo errando lontano da lui, Egli si vestì della nostra miseria e si fece nostro compagno, Come avremo osato avvicinarlo se fosse rimasto nella sua impassibilità? Ora invece l'apostolo ci invita ad andare al trono di grazia di colui stesso che, bello sappiamo, ha preso su di se i nostri languori, si è caricato dei nostri dolori e possiamo star sicuri che, conoscendo per pratica le nostre miserie, avrà di noi misericordia. Non deve dunque sembrare un assurdo il dire, non che Cristo abbia cominciato a conoscere alcuna cosa, per l'avanti ignorata, ma che in modo ben diverso, egli conosce la misericordia per divina essenza, fin dall'eternità e nel tempo, per aver assunto umana carne.

Osserva bene e vedrai che forse Gesù usa un modo simile di parlare quando accennando al giorno estremo, risponde agli apostoli che non lo sa: come non poteva ignorare quel giorno, colui nel quale sono nascosti tutti i tesori della scienza? E allora come fa a dire che non sa quello che certamente non poteva ignorare, possibile che abbia voluto nascondere con una menzogna ciò che non sarebbe stato utile rivelare? No davvero, perché se essendo la stessa sapienza non poteva niente ignorare, essendo la stessa verità non poteva mentire. Piuttosto Egli voleva distogliere gli Apostoli da quella inutile curiosità e perciò dice di ignorare un tal giorno parlando non in modo assoluto ma in u n certo senso che pur risponde a verità .
Ecco se Egli con il suo divino sguardo abbraccia tutto il presente, il passato ed il futuro, doveva conoscere anche quel giorno, ma non per esperienza sensibile altrimenti già avrebbe potuto uccidere con il fiato della sua bocca l'anticristo, già avrebbe sensibilmente udito l'Arcangelo che grida e da fiato alla tromba, al cui squillo i morti debbono risorgere, già con gli occhi della sua carne, vedrebbe distinti gli agnelli ed i capretti che debbono essere gli uni dagli altri separati un giorno. Perché poi tu intenda come Egli parla di scienza acquisita per i sensi risponde con esattezza: "Neppure il figlio

dell'uomo, lo sa." Non dice: "Neppure io lo so". Riferendosi con le parole al figlio dell'uomo, alla natura corporea da Lui assunta. Quindi in tal caso è chiaro che Egli non parla come Dio, ma come uomo. Del resto vedi quando parla come Dio non usa la parola Figlio oppure Figlio dell'uomo, ma per il solito il pronome Me oppure Io. Per esempio: "in verità e in verità vi dico, prima che Abramo fosse fatto, Io sono." Non dice il figlio dell'uomo e non c'è alcun dubbio che qui intenda quell'essenza per cui è prima di Abramo per l'eternità, non certo quella natura, di cui Abramo e per il seme di Abramo, fu generato. Parimenti un'altra volta domanda ai suoi discepoli che cosa la gente pensi di Lui: "chi dice la gente che sia il figlio dell'uomo?" E non dice "chi Io sia" e volendo sapere che cosa egli stessi pensassero: "voi chi dite che Io sia?" Non dice il figlio dell'uomo sia, cioè quando interroga quel popolo carnale sopra la sua natura umana, usa il nome che le è proprio di figlio dell'uomo, quando invece interroga i discepoli più spirituali, sulla sua natura divina, usa espressamente il pronome Io. Lo intese bene Pietro, ciò che Gesù voleva dire, con quell'Io e lo fa capire dalla risposta: "Tu sei il Cristo, il figlio di Dio!" E non dice: "Gesù, figlio della Vergine." Certo anche se avesse risposto così era la verità, ma l'Apostolo bada alla domanda e con la chiara esattezza risponde: "Tu sei il Cristo! Il Figlio di Dio."

Concludendo: se nell'unica persona di Cristo si hanno due nature, l'una in cui sempre fu, l'altra per cui cominciò ad essere, in quanto eterno Egli conosce tutto e sempre, in quanto uomo molte cose ha sperimentato sulla terra, perché hai paura ad ammettere che siccome cominciò ad essere nel tempo per la dimensione corporea, così' del nostro corpo sperimentò ogni miseria, per quella conoscenza che l'umana fragilità può dare, purtroppo. Oh davvero sarebbe stati così sapienti e più felici i nostri progenitori, se non l'avessero mai posseduta tale scienza, dal momento che non era possibile raggiungerla se non per la via della stoltezza e della rovina, invece quel Dio che gli aveva plasmati con l'opera delle sue mani mosso a compassione, andò in cerca delle creature perdute, e volle misericordiosamente discendere dov'esse erano miseramente precipitate, volle in se sperimentare quanto essi dovessero giustamente scontare essendo causa della propria rovina, e Lui, non per una curiosità, come i nostri progenitori, ma per mirabile carità, non per restare misero coi miseri ma per liberarli da tanta miseria, diventò misericordioso. Diventò misericordioso, lo ripeto, non da quella misericordia, che da tutta l'eternità possedeva, pur rimanendo beatissimo, ma di quella che apprese, nel farsi simile a noi, così l'opera di amore cominciata dall'una, fu compiuta dall'altra, anche la prima da sola sarebbe bastata ma in realtà, senza la seconda, non poté riparare al nostro bisogno, ambedue le forme di misericordia furono necessarie, ma questa seconda era a noi più confacente. Oh disegno di una pietà inenarrabile, quando mai avremo potuto immaginare quella prodigiosa misericordia, che da nessuna precedente miseria è informata. Come avremo potuto pensare quella compassione per noi misteriosa, che non ha sperimentato il dolore e che va unita all'impassibilità. Eppure la misericordia dovette preesistere nell'impassibilità, per passar poi alla scuola del dolore, sennò non ci avrebbe attratto a se, non solo ma non ci avrebbe neppure tratto fuori dalla tetra fossa e dal pantano fangoso, senza perdere dell'una vi si aggiunge l'altra, senza mutamento il Signore raddoppiò la misericordia, come dice il salmo: "Gli uomini e le bestie salverai, oh Signore, siccome hai moltiplicata la tua misericordia."

CAP. IV
"Primo grado di verità: conoscere noi stessi e la propria miseria"

Ma ritorniamo ormai al nostro argomento: se dunque colui che non era misero davvero, volle farsi misero per sperimentare in sé quanto già conosceva, a più forte maggior ragione tu senza bisogno di far mutamenti devi aprire bene gli occhi sulla tua grande miseria ed imparar così, se non ti riesce altrimenti ad essere compassionevole, perché non succeda che vedendo l'altrui miseria e non la tua, tu ti lasci prendere dallo sdegno anziché dalla compassione, atteggiandoti a giudicare il prossimo invece di aiutarlo, dandogli addosso con rabbia invece di farlo ravvedere con dolcezza. Voi che siete spirituali istruite questo tale con spirito di dolcezza, consiglio o precetto che sia, l'Apostolo vuole che tu soccorra il fratello infermo con bontà d'animo, come vorresti che fosse fatto a te. E per spiegar come poter essere benevolo verso il colpevole, aggiunge: considerando te stesso per non cadere in tentazione.

Mi preme farti osservare come il discepolo della verità, segua passo passo gli insegnamenti del maestro, nelle beatitudini già ricordate prima vengono i misericordiosi, poi i mondi di cuore, prima i miti poi i misericordiosi, e l'Apostolo quando esorta gli spirituali ad istruire i carnali dice di farlo con spirito di dolcezza, appunto perché se la correzione fraterna è opera di misericordia, lo spirito di dolcezza è tutto proprio delle anime miti, né quindi non può essere misericordioso chi non ha in sé la mitezza. Ecco vedi spiegato dall'Apostolo quello che dicevo più sopra: che per conoscere la verità bisogna prima cercarla in noi, poi negli altri considerando te stesso. Come facilmente sei esposto alla tentazione ed attratto dal male, imparerai ad esser mite, e a piegarti con dolcezza al prossimo tuo per aiutarlo. Se poi non vuoi ascoltare l'ammonimento dell'Apostolo, temi il rimprovero del maestro, ipocrita! Cava prima la trave dal tuo occhio e allora vedrai di togliere la pagliuzza dall'occhio del tuo fratello! L'orgoglio della mente è una gran trave, alta e grossa! Nella sua corpulenza è vanto non sano, gonfio non robusto, acceca, annebbia il cervello, e se riesce a cacciarsi nell'animo tuo è finita. Non vedi più come stai dentro in realtà o quel che puoi divenire, ma ti illudi di essere o prima o poi quel che il tuo capriccio ti detta, del resto dimmi un po',cosa è mai la superbia se non come l'ha definita un Santo: "amore della propria eccellenza"? Ma l'amore ed anche l'odio non dicono il vero, vuoi sapere come giudica la verità? Secondo che ascolto, giudico, e non da quel che l'odio o l'amore o il timore possono suggerire. Per esempio son parole dettate dall'odio queste: abbiamo la legge e secondo la legge deve morire. Son parole dettate dal timore le altre: se lo rimandiamo così libero verranno i Romani e si impadroniranno della nostra patria e del nostro popolo. Parole dettate dall'amore Davide per il figlio parricidia: salvatemi il figlio Assalon.

E' legge e consuetudine di tutti i tribunali civili ed ecclesiastici che non devono avere parte attiva nel giudizio gli amici intimi dell'interessati, perché appunto facilmente possono ingannare o ingannarsi nel loro affetto. Ora se l'amicizia può diminuire la gravità di una colpa o anche negarla affatto, a più forte ragione l'amor proprio potrà accecarti quando devi condannare te stesso. Se alcuno dunque vuole davvero conoscere in se la verità, deve togliere via la trave della superbia che impedisce all'occhio la luce, deve risolvere in cuor suo di avanzare in questa intima ricerca e così, percorsi i dodici gradi dell'umiltà, raggiungerà il primo della verità, poi ritrovata in se la verità o meglio, se nella verità, tanto da poter dire: "credetti per questo parlai e mi sono bene umiliato", allora elevi in alto l'animo suo ad esaltare la verità e raggiuntene così il secondo grado dica: "nel suo turbamento ogni uomo è bugiardo."

Mi spiego: non credere che il Profeta segua una via diversa o la pesi altrimenti il signore l'Apostolo dietro alle loro orme, infatti: "ho creduto", egli dice alla verità che insegna: "chi mi segua non cammina al buio", ho creduto appunto seguendoti e per questo ho parlato, confessando che cosa? Le verità riconosciute per la mia fede, e proprio perché così ho creduto a mia giustificazione, ho parlato a mia salute, mi sono umiliato assai cioè perfettamente, insomma vuol dire "ho studiato me stesso". E afferrata dentro la verità, senza vergogna, anche a mia confessione l'ho manifestata raggiungendo così la perfetta umiltà, perché quel "nimis" del testo si può spiegare perfettamente nel versetto perfettamente "in mandatis eius volet nimis" "che in tutto si diletta nei suoi comandamenti". Se poi quel "nimis" tu lo vuoi spiegare assai, che i commentatori poi lo prendono in questo senso, non c'è difficoltà nessuna, che il pensiero del Profeta torna sempre bene. Quando non conoscevo la verità mi credevo di essere qualcosa e non ero nulla, invece credendo in Cristo e seguendone l'esempio di umiltà, ho raggiunto la verità, l'ho esaltata in me con le mie labbra, ma al tempo stesso io mi son dovuto bene umiliare, cioè meditando ho toccato con mano la mia miseria.

CAP. V
"Secondo grado di verità: dalla propria debolezza imparare a compatire l'altrui"

Il profeta umiliato in questo grado di verità, lo dice un altro salmo: "nella tua verità mi hanno umiliato", imparerà scrutando se stesso a misurare dalla propria l'altrui miseria, e così giunto al secondo grado, dica pure, nello slancio del suo cuore dica: "ogni uomo è mendace." Di che slancio intende parlare qui in questo salmo? Di quello vedi, per cui si distacca dal proprio io, abbraccia la verità, fruga nell'intimo dell'anima sua, tanto da dover esclamare, non per rabbia o per disprezzo ma per un senso di pietà, di compassione: "ogni uomo è mendace!" Come a dire: ogni uomo è infermo, misero, impotente a salvare se e gli altri. In un altro versetto il salmista esclama: "fallace è il cavallo a salvare". Naturalmente non significa che il cavallo inganni alcuno, ma piuttosto che si ingannerebbe chi si abbandonasse tutto al suo impeto. Ecco, proprio in questo senso, anche l'uomo è detto mendace, in quanto fragile e mutevole com'è, non c'è da sperare da lui la sua propria né l'altrui salvezza. No davvero! Che anzi è maledetto colui il quale mette ogni sua fiducia nell'uomo. Così avanzando umilmente il profeta dietro il vessillo della verità, ritrova negli altri quanto lamentava in se, ed allora con la propria esperienza può ben dimostrare il suo rammarico in quelle parole, che sono un giudizio sommario ma tanto vero: ogni uomo è mendace.

Vedi un poco come ben altrimenti la pensava quel fariseo superbo il quale vien fuori a dire, nello slancio del suo cuore: "Grazie, oh Signore, perché io non sono come uno di tutti gli altri. "E gli, pieno di se, si pavoneggia, offendendo con arroganza il prossimo suo, invece Davide esclama: "Ogni uomo è mendace!" Non eccettua nessuno perché non vuole ingannare nessuno. Ben sapendo che ogni uomo ha peccato ed ha bisogno della gloria di Dio. Il fariseo inganna se e soltanto se, appunto perché soltanto se stesso esclude nella generale condanna che pronunzia, il Profeta invece si riconosce misero come tutti gli altri, per ottenere anche lui quella misericordia che proprio il fariseo allontana sbuffando da se quando non vuol confessare la sua miseria.

Il Profeta afferma: "Ogni uomo è mendace." Quindi non fa eccezione, né per se né per gli altri. Il fariseo: "Non sono uno come tutti gli altri." Come dire: lui no, ma gli altri son tutti condannati, e come ringrazia il Signore, anche, non di essere egli buono ma di essere lui il solo, non del bene che fa ma del male che scorge nel prossimo; proprio così: egli non ha ancora tolto la trave dal suo occhio, e sta lì a contare le pagliuzze in quello dei fratelli, ingiusti, rapaci. Credo che non sarà inutile questa digressione, o fratel Goffredo, se avrai ben inteso la differenza notata nelle parole che nello slancio del cuore, escono dalla bocca del fariseo e del profeta.

Ma torniamo a noi. Dunque coloro a cui la verità ha aperto bene gli occhi perché capiscono la propria miseria, bisogna pure che sentano il disgusto di quanto prima amavano, e persino di se stessi, mettendosi faccia a faccia con la propria anima, per forza devono riconoscersi tali quali si vergognano di apparire anche nel proprio intimo. Così lo stesso deplorare quel che sono diventa un desiderare quel che non sono ma siccome non possono riuscirci davvero con le proprie forze non resta loro che piangere amaramente, farsi giudici severissimi affamati di verità, e assetati di giustizia fino al punto di disprezzare se stessi. Di esigere da se strettissima riparazione prima e ammenda poi per l'avvenire. Certo lo vedono che con le sole loro forze non sono capaci di tanto, e quando hanno fatto ben bene devon dire: "siam servi inutili." quindi dalla giustizia si rifugeranno nella misericordia, seguendo quel consiglio della verità: beati i misericordiosi, perché otterranno misericordia.

Così vedi, eccoci giunti al secondo grado di verità, che consiste appunto nel ricercarla nel prossimo, indovinando dai propri gli altrui bisogni, imparando dai propri a compatire gli altrui dolori.

CAP. VI
"Terzo grado di verità: purificare l'occhio del cuore per la contemplazione delle cose celesti e divine"

Se uno dunque persevera nelle austerità della penitenza, nel desiderio della santità, nelle opere di misericordia di cui abbiamo già parlato, potrà così sanare l'occhio del suo cuore da quei difetti che si hanno o per ignoranza, o per infermità, o per passione, fino a raggiungere, con la contemplazione il terzo grado di verità. E' proprio questa la via maestra a giudizio di tutti, eccetto si intende per coloro i quali ci trovan gusto a far il male, si fanno belli di ogni pessima azione, e sotto il pretesto di debolezza o ignoranza, cercando di difendersi e di trovare una scusa alle loro colpe. E' inutile che si illudano col dire che non ci riescono, che non sapevano, poiché sono proprio loro che le cercano apposta per far poi il loro comodo. Ammettiamo pure, ad esempio, che il primo uomo non disubbidisse volentieri, ma che forse gli giovò buttar la colpa addosso alla moglie, come se egli avesse mancato per una debolezza della carne. Oppure i lapidatori del primo martire si potranno scusare come ignoranti perché si turarono gli orecchi? Coloro i quali si accorgano di essere lontani dalla verità, per un ostinato attaccamento al peccato, e sentono di esser gravati dal peso della propria miseria e ignoranza, convertano in gemiti ogni loro sospiro, in afflizione ogni affetto del cuore, vincano la debolezza della carne con il fervore della santità, dissipino il buio dell'ignoranza con il lavoro della mente, perché se trascurano la verità or che ci si mostra povera, nuda e inferma, troppo tardi con loro confusione dovranno riconoscerla un giorno quando comparirà, con grande potenza e gloria, terribile a giudicarli, ed allora invano risponderanno tremanti: quando mai ti abbiamo visto bisognoso e non ti abbiamo aiutato? Proprio così: se non si vuol riconoscere il Signore, oggi che cerca misericordia, bisognerà ben riconoscerlo quando verrà a giudicare, lo vedranno allora che è colui che ha crocifisso, e gli avari chi hanno spregiato, dunque da ogni infermità contratta per debolezza, per ignoranza o per cattiva volontà, potrà mondarsi l'occhio del cuore con il pianto, con il desiderio di santità, con l'esercizio costante delle opere di misericordia, e a queste anime la verità promette di svelarsi in tutta la sua purezza: "beati i mondi di cuore perché vedranno Dio."

Concludendo: tre sono i gradi di verità. Al primo si giunge per la via faticosa dell'umiltà, al secondo per quella della compassione, al terzo sulle ali della contemplazione.

La verità raggiunta è austera nel primo, pia nel secondo e pura nel terzo. Al primo ci mena la ragione per cui giudichiamo noi stessi, al secondo l'affetto per il cui abbiamo compassione degli altri, al terzo ci rapisce la purezza per cui ci eleviamo alle cose invisibili.

CAP. VII
"Come la Santa Trinità operi in noi questi tre gradi di verità"

Mi balena ora alla mente una mirabile e distinta operazione della indivisibile Trinità seppure da chi giace nelle tenebre può essere compresa quella misteriosa distinzione delle tre persone cooperanti fra loro. Nel primo grado direi che opera il Figlio, nel secondo lo Spirito Santo, nel terzo il Padre. Ecco l'operazione del Figlio: se vi ho lavato i piedi io, Signore maestro vostro, quanto più dovete anche voi lavarvi i piedi l'uno l'altro. Il Maestro di verità dava ai discepoli un esempio di umiltà, per cui essi dovevano raggiungere il primo grado di verità. Ecco l'operazione dello Spirito Santo: la carità di Dio è stata diffusa nei nostri cuori per opera dello Spirito Santo che ci fu donato, è dunque un dono dello Spirito Santo quella carità, la quale, quando si è giunti con l'umiltà dietro l'esempio del Figlio, al primo grado di verità, ci fa salire per opera dello Spirito Santo ancor più in alto fino al secondo grado, con la pietà verso il prossimo. Finalmente l'operazione del Padre: te beato, oh Simone Giona dacché non la carne o il sangue ma il Padre mio che è nei cieli te lo ha rivelato. Poi il Padre farà nota la sua verità ai figli, finalmente ti ringrazio oh Padre, perché hai nascosta la verità ai sapienti e prudenti e l'hai rivelata ai piccoli. E' chiaro dunque che il Figlio, con i suoi esempi ed il su o insegnamento, ci fa umili. Lo Spirito Santo diffonde nei cuori la carità, e finalmente il Padre ci accoglie nella gloria, il Figlio tra i discepoli, il Paraclito consola gli amici, il Padre esalta i Figli, ma siccome non solo il Figlio ma anche il Padre e lo Spirito Santo son detti con verità: "Verità", è evidente che un'unica ed identica verità, salva la proprietà delle persone, compie in noi per tre gradi queste tre operazioni, prima cioè istruisce quasi Maestro, poi consola come amico o fratello, finalmente abbraccia come un Padre i suoi figli. Ecco, il figlio di Dio, verbo e sapienza del Padre, trovando in noi la ragione avvilita nel corpo, schiava del peccato, cieca nell'ignoranza, attratta dalle cose di quaggiù, volle nella sua benignità assumerla, la nobilita potentemente, la illuminò con la sua sapienza, la richiamò ad una vita intima, ne usò mirabilmente come di una sua ministra, facendola come giudice anzi per riverenza del verbo cui era unita, non solo giudice, ma accusatrice e testei contro se stessa. Quasi ad esercitare proprio contro di se il compito di ministra della verità. Ed in questa unione tra il verbo e la ragione, fiorisce l'umiltà. L'altra facoltà dell'anima, cioè la volontà infetta dal veleno della carne, ma già sotto l'influsso della ragione, si degna visitarla lo Spirito Santo con soavità la purifica, la penetra del suo ardore, la rende compassionevole. Così come una pelle che ad ungerla si distende, la volontà penetrata da questa celeste unzione, si dilata fino all'amore dei nemici, e da questa unione dello Spirito di Dio con la volontà umana fiorisce la carità. Quindi ambedue le facoltà, cioè ragione e volontà, una illuminata dal verbo di verità, l'altra pervasa dallo spirito di verità, l'una aspersa con l'issopo dell'umiltà, l'altra accesa dal fuoco della carità, tutta l'anima insomma fatta bella e senza macchia per la sua umiltà, senza rughe per la sua carità, quando la volontà non è più ripugnante alla ragione, né la ragione fa più velo alla verità, il Padre se la prende come una sposa gloriosa, in così intima unione che non è possibile, non può la ragione badare a se stessa né la volontà al prossimo e l'anima non sa far altro che ripetere beata: "il Re mi ha introdotto nelle sue stanze."

Dalla scuola dunque dell'umiltà, in cui per cui gli insegnamenti del Figlio imparò a raccogliersi sopra di se, dietro quella minaccia: "Se non ti conosci vai a pascolare i tuoi capretti." L'anima è fatta degna davvero per essere introdotta per amore, nei penetrali della carità che è quanto dire nel cuore del prossimo, sotto la guida dello Spirito Santo. Donde, posando sopra rami fioriti e sorretta da dolci pomi, da una vita virtuosa e santa, entra finalmente nella stanza del re, per cui l'acqua è di amore. Allora si fa silenzio in cielo, per poco, per quasi mezz'ora, e l'anima riposando beatamente nel desiderato amplesso, dorme sì ma il suo cuore veglia, tanto da poter intravedere le profonde verità cui poi si nutrirà quando sarà tornata in se stessa. Quivi contempla cose invisibili, ascolta cose ineffabili che uomo non può esprimere, perché troppo superano quella parola di verità che la notte ripete alla notte. Eppure il giorno la ridice al giorno ed ai sapienti è dato di parlare di sapienza , agli spirituali di cose spirituali.

CAP. VIII
"Gli stessi gradi si ritrovano nel rapimento di San Paolo"

Forse tu pensi che Paolo non sia passato per questi tre gradi, lui che attesta di essere stato rapito al terzo cielo, ebbene come mai dice di essere stato "rapito" e non dice "condotto"? Perché vedi se un apostolo così grande dice appunto di essere stato rapito là, dove con tutta la sua dottrina non seppe giungere, e neppure l'avrebbe potuto con l'aiuto di altri, io che, inutile dirlo, non sono San Paolo, non mi metto in testa di giungere al terzo cielo, per virtù od opera mia, bisogna non confidare troppo nella nostra virtù, e neppure diffidare di ogni nostro sforzo, infatti chi viene istruito o guidato deve faticare per seguire il maestro o la guida, deve anche lui cooperare per raggiungere la metà o quella data cognizione e può ben dire "non sono stato io ma la grazia di Dio con me". Invece chi è rapito non si appoggia alle proprie forze ma ad altri, e quasi non lo sa neppure dove va. Per parte sua non può gloriarsi né tanto né poco, perché non coopera né molto né poco, dunque al primo o secondo cielo l'apostolo potea andarci con la guida o l'aiuto di altri, ma per raggiungere il terzo cielo dovette esservi rapito. Infatti si legge che per questo è disceso il Figlio, per invitare cioè ad aiutare quei che aspirano al primo cielo e per questo fu invitato lo Spirito Santo, per far loro raggiungere cioè il secondo cielo, il Padre invece, per quanto operi l'unione con il Figlio e con lo Spirito Santo, non si legge mai che sia disceso dal cielo o sia stato mandato sulla terra. Sta scritto: "la terra è ricolma della misericordia del Signore e son pieni i cieli e la terra della tua gloria", del Figlio venuta la pienezza dei tempi, Iddio mandò il Figlio suo, il Figlio stesso dice di se: lo spirito del Signore mi mandò. E per bocca del Profeta or ecco che mi ha mandato il Signore, il suo spirito. E lo Spirito Santo, lo Spirito Santo Paraclito che il Padre manderà nel nome mio e quando sarò salito lo manderò a voi dove certo intende parlare dello Spirito Santo. Il Padre invece, sebbene sia dovunque, non lo trovo ricordato se non in cielo. Come si ha dal Vangelo: "e il Padre mio che è nel Cielo"; e nell'orazione domenicale: "Padre nostro che sei nei cieli. "Quindi è naturale che, siccome il Padre non discende, l'Apostolo non poté davvero salire davvero nel terzo cielo per vederlo ma ne fu rapito. D'altronde nessuno sale al cielo se non colui che è disceso dal cielo, perché il profeta David dice: "la Sua venuta è dal più alto del cielo." Dove appunto Egli di nuovo ritorna, non improvvisamente rapito, né furtivamente trascinato ma "davanti ai loro occhi si levò", cioè alla presenza degli Apostoli. Elia ebbe un solo testimone, Paolo non ne ebbe alcuno, si può appena dire che ebbe sé come testimone: "io non lo so, Iddio lo sa"; confessa a se stesso. Cristo sale e come l'Onnipotente che discende quando vuole, e quando vuole risale al cielo di sua volontà, scegliendo gli spettatori ed i suoi testimoni, il luogo, il tempo, il giorno e l'ora. Mentre essi lo osservavano (quelli cioè che degnavano di tanta visione), si alzò: fu rapito Elia, fu rapito Paolo, fu trasportato Enoc ma il redentore nostro si elevò per virtù propria, non per aiuto di altri, non tratto su di un cocchio, né sorretto da un angelo ma forte della propria potenza, una nube lo accolse fuor dai loro sguardi, perché mai ciò? Forse lo sorresse stanco o tanto lo sospinse o cadente lo sostenne: no davvero! Solo lo tolse alla vista dei discepoli, che non dovevano più contemplarlo come per l'avanti con gli occhi della carne. Il Figlio dunque ci invita sulla via dell'umiltà al primo cielo; lo Spirito Santo accoglie nel secondo, per la carità; il Padre solleva al terzo, con le ali della contemplazione. Quelli del primo si umiliano nella verità dicendo: "nella tua verità mi hai umiliato." Nel secondo si rallegrano del godimento della verità, cantando: "oh, com'è buono e com'è soave quando si dimora insieme fratelli." E della carità sta scritto: "si allieta al possesso della verità". Nel terzo si è rapiti alla contemplazione delle arcane verità cantando: "il mio segreto è per me, il mio segreto è per me!".

CAP. IX

"Gemiti e sospiri di San Bernardo anelante alla verità"

Ma come mai io poverello, con la mia vana loquacità, più che per vigore di anima vo' trascorrendo per i due cieli superiori mentre son qui che mi arrabatto mani e piedi al di sotto del primo? Eppure il Signore mi aiuta, mi vuole lassù ed io gli ho già drizzato la mia scala, di certo questa è per me la via della salvezza. Vedo lassù il Signore, poggiato alla sommità, gioisco al suono della sua voce. Egli mi ha chiamato ed io gli ho risposto: "porgerai la destra all'opera delle tue mani." Egli accompagna ad uno ad uno i miei passi ma io salgo lentamente, stracco viatore e mi perdo per vie traverse. Guai a me se mi coglie il buio della notte, se la mia fuga è d'inverno o di sabato, se ora che è il momento buono, il giorno di salvezza, fo le viste di avanzar verso la luce e son sempre al medesimo punto, come mai? Deh prega per me o Figlio, o Fratello, o Amico, o Compagno di viaggio se ne ho alcuno nel Signore. Prega l'Onnipotente che dia vigore al mio passo così fiacco, senza però che diventi come quello dell'orgoglio, perché se il passo di un pigro non è capace di salire per la via della verità, è preferibile però sempre a quello del superbo che neppur può reggere, come dice il salmo: "Furon cacciati e non poterono tenersi in piedi." Questo per i superbi, ma che sarà del loro capo? Di colui che è detto "re sopra tutti i figli della superbia"? Egli non stette nella Verità. Vedeva Satana cadere dal cielo a guisa di folgore e perché mai se non per la sua superbia. Guai! Se anche me il Signore, vedrà anche me montare in superbia. L'orgoglioso lo conosce da lontano e pronunzierà contro di me quelle tremende parole: "Tu eri davvero figlio dell'Altissimo, invece come un mortale morirai e precipiterai quasi uno dei gradi." Chi non si spaventerebbe al tuonare di tale sentenza? Fu molto meglio che il nervo del femore di Giacobbe, si seccasse al tocco dell'Angelo, anziché gonfiare e spezzarsi poi come quello del superbo che finì nella rovina. Oh toccasse l'Angelo anche il mio nervo! E lo facesse marcire per vedere se così infermo comincio una buona volta a far progressi nel bene, visto che da sano non fo che andare indietro. Veramente sta scritto: "La debolezza di Dio è più forte degli uomini." Come pure l'Apostolo quando si lamentava del suo nervo, colpito dall'Angelo non del Signore ma di Satana, si ebbe quella risposta. Ti basta la mia grazia poiché la virtù si corrobora nella tentazione, quale virtù? Lo dice l'Apostolo stesso: "volentieri mi glorierò delle mie debolezze affinché abiti in me la virtù di Cristo." Forse non è ancora ben chiaro di quale virtù in particolare intenda parlare qui, perché Cristo tutte le possedeva. E' vero, ma una sopra tutte le altre, ce ne ha raccomandata: l'umiltà! Quando disse: "Imparate da me che sono mite ed umile di cuore."

Volentieri dunque anch'io, Signore Gesù, cercherò di gloriarmi della mia debolezza, al seccarsi del mio nervo, perché fiorisca in me la tua virtù: l'umiltà. Anche se sono fragile basta la tua grazia. Poggiando ben saldo il piede della grazia e strascicando il mio che è infermo, potrò avanzar sicuro per i gradi dell'umiltà, fino a raggiungere per il possesso della verità, le munificenze della carità, quando con animo grato canterò il salmo: " Hai aperto campi spaziosi ai miei piedi."

Per una via stretta si va meglio passo passo, per una scala ripida più sicuri si sale piano piano, così lenti ma bene si sale zoppicando mirabilmente fino a raggiungere la Verità. Si prolunga però purtroppo il mio pellegrinaggio, chi mi darà le penne della colomba per andare più velocemente verso la Verità, e riposare poi nella carità? Mi mancano lo so, e tu, oh Signore, conducimi sulla tua Via, entrerò al possesso della Verità ed avrò così libero volo. Guai a me che son tanto disceso, perché leggero e sciocco come sono non fossi sceso in basso, non dovrei ora metterci tanto e far tanta fatica a salire. Ma che disceso? Potrei dire precipitato, a meno che siccome nessuno raggiunge le più alte cime alla prima, ma deve salire poco per volta così nessuno diventa pessimo d'un tratto ma poco a poco, altrimenti non si capirebbe come "l'empio tutti i giorni monti in superbia". Vi sono finalmente delle vie che agli uomini sembrano buone e invece portano al male. C'è la via che discende, quella che sale, l'una del bene e l'altra del male: scansa la cattiva, prendi la buona e se da te non ci riesci, prega con il Profeta: "tieni lontano da me la via dell'iniquità." Come? E "fammi grazia della tua legge, quella legge che desti ai dispersi, a chi abbandonò la Verità ed io son proprio uno di quelli." Forse per chi è caduto non c'è più modo di rialzarsi? No davvero! Anzi per questo ho preso la via della Verità, per ritornare con l'umiltà donde son precipitato con la mia superbia. Mi leverò cantando: "buon per me, che mi hai umiliato Signore, la tua legge val più che l'oro e dell'argento a migliaia!" Sembra che David ti presenti due vie, ma guarda bene e vedrai che è una sola. Ebbene vai e dai nomi differenti, cioè la via dell'iniquità per chi la discende, via dell'umiltà per chi la sale. Del resto son gli stessi i gradini per salire o discendere dal trono, unica la via che mena alla città e se ne allontana, unica è la porta per chi entra in casa e per chi ne esce, unica finalmente la scala per la quale salivano e scendevano il Angeli durante l'apparizione di Giacobbe, come a dire: "Ecco, se vuoi risalire alla Verità non devi prendere altra via che a ritroso con umiltà la scala con cui il tuo orgoglio discendesti, ed allora quello che fu il dodicesimo gradino della superbia nella discesa, diventerà il primo dell'umiltà nel salire, l'undicesimo sarà il secondo, il decimo il terzo, il nono quarto, l'ottavo quinto, il settimo sesto, il sesto settimo, il quinto ottavo, il quarto nono, il terzo decimo, il secondo undicesimo, il primo dodicesimo. Quando in te stesso avrai preso ben di mira questi vari gradi di superbia, non ci sarà più bisogno che ti affanni tanto per cercare la via dell'umiltà.

LIBRO SECONDO
I dodici gradi della superbia

CAP. I
"Il primo grado della superbia: la curiosità"

Primo grado della superbia è la curiosità che si conosce bene a questi segni, quando vedi un monaco che pure stimavi assai che ovunque sia o cammini o sieda, volge gli occhi in qua e in là sempre con la testa ritta e le orecchie tese, da tale comportamento esterno puoi tale e quale arguire l'interno.
L'uomo cattivo ammicca con l'occhio, stropiccia con i piedi, accenna con le dita e tutto quel suo agitarsi scomposto, si hanno i primi sintomi del male che è dentro. L'anima pigra nella vigilanza su di se, è portata fuori a pascere i capretti. I capretti simbolo di peccato si possono ben chiamare gli occhi e gli orecchi, perché per essi quasi altrettante finestre, la morte entra nell'anima come il peccato entra nel mondo. Ora il curioso, è tutto perso dietro questi balletti per menarli al pascolo, senza preoccuparsi affatto nell'intimo dell'anima sua. Oh! Se tu badi bene a te è impossibile che tu ti occupi di altro. Ascolta Salomone, oh curioso! ascolta oh sciocco, il sapiente. Custodisci il tuo cuore con ogni premura, in modo cioè che tutti i tuoi sensi stiano vigilanti, alla custodia di ciò che è fonte di vita. Ma dove ti perdi lontano da te, oh curioso? Che speri? Come puoi avere il coraggio di levare gli occhi verso il cielo, tu che hai peccato contro il cielo? Se vuoi conoscere te stesso guarda bene la terra, la quale ti ricorda come sei terra, e nella terra dovrai finire. Per ragioni, potrai bene levare il tuo sguardo, senza colpa alcuna o per chiedere o dare aiuto: David alzò i suoi occhi ai monti per chiedere al Signore. Per dare aiuto levò lo sguardo sulle turbe, l'uno per bisogno, l'altro per compassione, tutti e due senza colpa, così anche tu se considerato il luogo, il momento e la ragione alzi gli occhi ad una necessità tua o del tuo fratello, non te ne fo' davvero una colpa, anzi

ti lodo perché c'è la miseria che scusa o la carità che lo esige. In caso diverso invece ho tutto il diritto di chiamarti seguace non del Profeta o del Signore, ma di Tina, di Eva e perfino di Satana. Infatti mentre Tina si svaga a dar pascolo ai famosi capretti, lei vien rapita al padre e da lei la sua verginità: oh Tina che bisogno che c'è di star lì ad osservare le donne forestiere! Che te ne importa? E poi con che frutto? Lo fai per curiosità soltanto? Può essere che tu stia a guardare senza uno scopo? Ma non senza uno scopo sei guardata, tu miri incuriosita ma con maggior curiosità sei mirata. Chi avrebbe pensato che in quel momento il tuo oziare curioso o curiosare oziando, non sarebbe poi stato ozioso ma tanto dannoso, a te ed ai nemici?

Anche tu Eva, messa nel Paradiso terrestre per custodirlo, coltivarlo insieme a tuo marito, se avessi fatto l'obbedienza avresti raggiunto poi uno stato di maggior felicità, senza occupazione né preoccupazione alcuna, puoi prendere e mangiare dei frutti di qualunque albero del Paradiso, eccetto quello detto della scienza del bene e del male: son tutti buoni e santi bene, perché dunque voler prendere anche da quello che sa di male? Non saper più di quanto basti, perché sapere il male non è sapienza, ma insipienza. Tieni stretto il bene concesso e leva il cuore a quello promesso, guardati dal frutto vietato per non perdere quello avuto, perché con tanta avidità fissi gli occhi su ciò che è la tua rovina? Perché gira e rigira batti sempre lì? Se non puoi mangiarne che gusto c'è a contemplarlo? Ma io, tu dici, volgo lo sguardo non la mano, non potrò mangiarlo ma guardarlo sì, Iddio mi ha dato gli occhi apposta per guardare dove mi piace. Ti risponde l'Apostolo: "tutto vi è permesso, ma non tutto va bene." Non ci sarà colpa ma un indizio sì, perché se il tuo animo fosse curioso, meno tempo avresti per curiosare, non è colpa ma occasione di colpa, indizio di averne commessa o spinta a commetterla. Proprio così: mentre tu badi ad altro, si insinua di soppiatto il serpente nel tuo cuore, ti parla con paroline dolci, ti acquieta l'animo con le sue lusinghe, il timore con le sue bugie, dicendo: "macché, tu non vorrai!" Stuzzica la gola, ne accende la brama, stimola la curiosità, ne accresce il desiderio e infine offre il frutto illecito per strapparti quello lecito. Ti dà il pomo e ti ruba il Paradiso. Intanto bevi il veleno e così morrai tu e le tue creature. Perdi l'anima ma non perdi la maternità, noi veniamo alla vita e moriamo, nasciamo per morire, perché moriamo già prima di nascere, ecco il giogo pesante sopra tutto i tuoi figli fino ad oggi. Ed anche tu, oh satana, fosti collocato quasi segnacolo, non nel paradiso terrestre, ma tra le delizie del Paradiso di Dio. Che ti resta ancora da desiderare? Ricolmo di sapienza, perfetto nella tua bellezza, non cercare quanto è troppo al di sopra di te, non fissare lo sguardo su ciò che è di te più potente, acquietati in te per non precipitare al di sotto di te, mentre vorresti spingerti al di sopra, fra grandezze mirabili, perché biecamente ti drizzi verso aquilone? Ecco ti vedo, ti vedo ben spiare qualcosa lassù in alto, sul tuo capo, "drizzerò il mio trono ad aquilone" - sta scritto- tutti gli altri spiriti celesti son dritti in piedi all'intorno e tu solo agogni ad assiderti sul trono, metti la discordia tra i fratelli, turbi la pace della patria celeste, e perfino della Santa Trinità per quanto hai in te. Oh disgraziato! Dove mai ti trascinò la tua curiosità? Con un'audacia senza pari, non esiti un attimo a gettare lo scandalo tra i cittadini del cielo, a fare oltraggio al Re. I suoi ministri son migliaia di migliaia e i suoi assistenti diecimila volte centomila, nessuno si mette seduto se non colui che riposa sui Cherubini, e da cui tutti servono. E tu? Mirando a qualcosa di più di tutti gli altri, la ricerchi con avidità, ti insinui quasi intruso sfacciato, vuoi porre il tuo soglio nel cielo, per essere simile all'Altissimo, ma perché? Che cosa speri? Misura, oh pazzo le tue forze, bada bene dove miri e in che modo, conosce o no l'Altissimo le tue pretese? Acconsente o no? Se tu ordisci un'empietà come potrà volerla o ignorarla colui la cui volontà è santa? La cui scienza è perfetta. Forse hai in mente che pur conoscendola e detestandola non vi si potrà opporre? Bisognerebbe che tu dubitassi di essere sua creatura, per non renderti conto dell'onnipotenza, dell'infinita scienza e la bontà del Creatore che poté cavarti dal nulla, che tale così grande seppe e volle crearti, e allora come puoi pensare che Dio acconsenta a ciò che detesta e che può benissimo impedire? Forse per adoperarsi in te o meglio da te per la prima volta, ho praticato quel proverbio che dopo di te e per opera tua, segnano i tuoi satelliti in questo mondo, un padrone alla buona alleva i temerari, il buon occhio dunque è maligno perché egli è buono? Approfitti della sua bontà con empia fiducia, levandosi spudoratamente contro la sua scienza, audacemente contro la sua potenza. Così proprio, così tu pensi, oh empio, questa infamia vai meditando nel tuo covile e dici fra te: "possibile che il Creatore annienti l'opera delle sue mani? Lo so è Dio conosce ogni mio pensiero, è buono e non può approvare questa mia idea, è potente e se vuole non riesco a fuggirgli di mano, eppure c'è proprio da aver paura di Lui? Buono com'è non può piacergli il male mio nemmeno il suo, se è male andare contro la sua volontà è male per lui andare contro se stesso. Insomma egli non può volere la punizione di nessun delitto appunto perché non può e non vuol andare contro la sua bontà." Ti inganni sciagurato! Inganni te ma non Iddio, ti inganni, lo ripeto e la tua empietà nasconde il velo agli occhi tuoi, non a Dio. Tu strisci subdolamente, ma sotto il tuo sguardo, quindi l'illusione è tua, non di Dio. E' giusto, che siccome tu abusi dei suoi grandi favori per commettere un grande peccato, tanta iniquità sia sventata e punita. Qual maggior delitto di questo? Disprezzare il creatore in ciò che più Egli si meritava il tuo amore. Vi è un'infamia maggiore di questa? Tu credi alla potenza di Dio, il quale come ti ha creato può annientarti e poi fidandoti della sua dolce benignità, che pur potendolo non voglia punirti, rendi male per bene, odio per amore. Tanta malvagità è ben degna, non d'un colpo d'ira momentanea, ma di un odio eterno perché per essa tu desideri, e speri di diventar come il tuo dolcissimo e altissimo Signore, contro il suo volere. Dunque egli avrà sempre davanti agli occhi ciò che lo contrista, e cosa per lui ripugnante ti riterrà sempre suo pari, non ti colpirà come potrebbe, anzi preferirà soffrire Lui prima di veder te precipitare in rovina, "potrebbe di sicuro abbattermi se lo volesse" - tu pensi, oh satana, ma per la sua benignità non può volerlo. Oh se Egli è tale o quale lo credi, tanto più malvagio sarai tu a non amarlo, se piuttosto che levar la sua mano contro di te, lascia che tu lo oltraggi quale perfidia è la tua che ti spinge ad insultare Iddio, il quale non bada a se per amor tuo? Però nella sua perfetta natura non vi è contrasto tra giustizia e benignità, come se l'una non potesse stare in armonia con l'altra, la benignità giusta è più perfetta della benignità troppo indulgente, anzi la benignità non è virtù se non va congiunta alla giustizia, ora siccome ti dimostri ingrato alla gratuita bontà del Signore, che senza tuo merito ti creò e perché non la conosci, non temi la sua giustizia, con tanta audacia da commettere il peccato e da ripromettere falsamente l'impunità, ecco che Egli se finora è stato buono ora sarà giusto e tu precipiterai nell'abisso che avevi preparato al tuo Creatore. Così vedi mentre tu prepari contro Dio l'affronto da cui potrebbe volendo liberarsi, ma non può vederlo, tu credi per quella Sua bontà che non ha mai punito nessuno. Egli giusto, con perfetta giustizia, ritorce a tuo danno l'ingiuria. Non può non deve lasciar che si oltraggi impunemente la sua benignità, mitigando la sentenza non nega il suo perdono se ti penti, ma il tuo cuore ostinato non può conoscere pentimento, e quindi avrai la condanna. E' una menzogna quella di Satana, "il cielo" - dice il Signore - "è mio seggio, e la terra sgabello ai miei piedi." Cioè non solo l'Oriente o l'Occidente od un'altra parte qualsiasi, ma tutto il Cielo è sua dimora, dunque non vi è posto per te nel Cielo o empio, perché tutto Egli se n'è scelto, e nemmeno sulla terra, sgabello dei suoi piedi, cioè massa compatta dove è posta la Chiesa poggiata su pietre incrollabili. Ed allora precipitato giù dal Cielo non trovi luogo sulla terra, scegliti dunque l'area dove non potrai sedere, e nemmeno volare, e così tu che tentasti scuotere le fondamenta dell'eternità, ne sconti la pena nel fluttuare interminabile tra cielo e terra, il Signore è assiso sul trono eccelso, la terra è piena della sua maestà, e a te, fuor dell'aria, non resta un angolo dove rifugiarti. Dei Serafini alcuni volano sull'ali della contemplazione dal trono alla sgabello, dallo sgabello al trono, altri ne velano con le ali la fronte ed i piedi, ebbene io credo che questi siano stati messi lì appunto perché, siccome da un Cherubino è impedito l'ingresso al Paradiso, così dai Serafini vi è posto un freno alla tua curiosità, non devi impudentemente spiare gli arcani celesti, e neppure conoscere i misteri della chiesa sulla terra, ti basti il cuore dell'empio che non si degna a stare come gli altri sulla terra né come gli angeli sa levarsi verso il cielo. Con la fronte laggiù ed i piedi quaggiù, son velati per te, solo per alimentare la sua invidia, ti è concesso di scorgere, sospeso nell'aria gli Angeli che vi passano attraverso, salendo e discendendo, senza poter conoscere sillaba di quanto ascoltano, nei Cieli o che annunziano sulla terra. Oh lucifero, che ti levavi al mattino, ormai non sei più lucifero cioè portatore di luce ma piuttosto di tenebre, anzi di morte, il tuo cammino era segnato da oriente a mezzogiorno e tu al contrario vuoi levarti ad aquilone? Quanto più in alto ti spingi quanto più veloce ti precipiti al tramonto. Vorrei penetrare a fondo, vorrei vedere dove mira questa tua curiosità, oh curioso. Porro il mio trono verso l'aquilone tu dici, non è qui il caso di pensare all'aquilone come il punto cardinale, e neppure ad un trono materiale perché sei spirito, piuttosto per aquilone si potrebbero intendere i dannati mi pare, il trono il dominio sopra di loro, nella crescenza di Dio, della quale più a fondo penetravi i misteri, appunto perché eri a lui vicino, tu certo vedevi i dannati privi di ogni raggio di sapienza, di ogni scintilla d'amore, era questo come un campo libero, un dominio che ti faceva gola, gli avresti diffuso la luce diciamo della tua astuzia, gli avresti portato la fiamma della tua malignità, e così come l'Altissimo nella sua sapienza, tu potevi essere il re di tutti i figli dell'orgoglio, li avresti guidati con la tua astuta malizia o maligna astuzia, saresti stato così simile all'altissimo, però se in Dio aveva preveduto questo tuo regno, possibile che non abbia preveduto anche la tua rovina? Ed allora che pazzia sarebbe questa tua di voler diventare re ad una condizione così disastrosa? Preferire di essere re dannato anziché suddito e beato? Non sarebbe meglio d'aver parte in quelle regioni luminose invece che comandare in queste tenebre? Molto probabilmente tu la prevedesti tanta rovina, forse considerando esclusivamente la bontà di Dio, come vedemmo, pensavi: "non mi ricercherà!" e provocasti l'ira sua, oppure all'idea di essere re ti accecò la grossa trave dell'orgoglio e non vedesti più la tua rovina. Anche Giuseppe sapeva sarebbe stato glorificato, non che sarebbe stato venduto, eppure si ebbe prima la vendita, poi la glorificazione, Dio me ne guardi dal pensare che il grande patriarca se ne insuperbisce. Ma ho portato questo esempio per fare vedere come se un profeta non conosce il futuro e tutti i vari particolari, non perciò si deve credere che lo ignori affatto. Qualcuno potrebbe osservare come Giuseppe da giovanetto, raccontava i suoi sogni senza conoscerne il mistero, forse per un senso di vanità, prima di tutto io credo che egli non avesse ben inteso la misteriosa profezia e parlava così con semplicità di fanciullo, poi, anche se ci fu in lui della vanità ebbe modo di scontarla con tutte quelle sue sofferenze che conosciamo. Mettiamo ad esempio che ad uno si rivelano i lieti eventi della sua vita futura, ebbene se anche egli non potrà liberarsi di ogni sentimento di vana compiacenza, si sa è un uomo, non vuol dire per questo che la predizione non si avvererà. Piuttosto quel po' di vanità con cui si compiace per la rivelazione delle grandi promesse non rimarrà senza castigo, come il medico non adopera soltanto l'unguento ma anche il ferro ed il fuoco per tagliare e bruciare via via quella crosta che si forma sulle ferite e impedirebbe ogni effetto benefico dell'unguento, così Iddio, medico dell'anima nostra, lascia che essa sia tentata, le manda delle croci, perché così nell'umiliazione e nel dolore cambi la gioia in pianto, credendosi una povera illusa, allora la vanità sparisce sì, ma la verità della rivelazione rimane. L'alterigia di Paolo, per esempio, è rintuzzata dagli stimoli della carne, ma Egli ha spesso rivelazioni. La diffidenza di Zaccaria fu punita con l'impedimento della lingua, ma le parole dell'Angelo si avverarono a suo tempo. I Santi vanno sempre sulla via della gloria e dell'umiliazione, sono arricchiti dal Signore di doni singolari, si sentono tratti alla vanità, levano lo sguardo alla rivelazione, e non dimenticano la propria miseria. Ma che c'entra la curiosità con le rivelazioni? Sono uscito un po' fuor di strada, è vero, volevo dimostrare che l'angelo cattivo prima della caduta previde il suo dominio sui dannati senza conoscere la sua futura condanna, e su su mi son nate altre questioncelle che ho proposto più che risolverle, però la conclusione del mio ragionamento è questa: satana perde la verità per la sua curiosità, per quella sua pazza smania con cui fissava lo sguardo su quella che era empietà desiderare, presunzione sperare. Sta bene dunque la curiosità al primo grado della superbia, del resto, lo sappiamo, essa è il principio di ogni peccato, anzi, se non le mettiamo un freno, la curiosità diventa leggerezza e siamo al secondo grado.

CAP. II
"Secondo grado di superbia: la leggerezza"

Quel monaco che non bada mai a sé, e tiene sempre gli occhi addosso al suo prossimo: osserva chi gli è superiore e disprezza chi gli è inferiore, invidia gli uni, deride gli altri, e in questa dissipazione, in questo continuo guardar qua e là, il suo animo, distratto da mille cose, ora si inalbera per orgoglio, ora si abbatte per invidia; ora per invidia tristamente si logora, ora per superbia bambinamente se la gode; ora è cattivo, ora sciocco, sempre orgoglioso, perché è sempre l'amor proprio che lo fa malinconico quando si vede al di sotto, lieto quando può vedersi al di sopra degli altri. Tutto questo avvicendarsi di sentimenti in un cuore leggero, trasparisce dal modo di discorrere, il quale o sarà breve e mordace, oppure verboso e insulso, ora tutto chiasso, ora tutto una lamentela, sempre però stolto. Confronta un po', se credi, questi due primi gradi di superbia con gli ultimi due dell'umiltà, e vedrai che il dodicesimo si oppone alla curiosità, l'undicesimo alla leggerezza, e così via via

di seguito si corrispondono l'uno l'altro. Per il primo grado abbiamo già visto, quanto al secondo puoi confrontarlo con l'undicesimo di umiltà che la regola così descrive: "un decimo grado dell'umiltà è che, se quando parla, il monaco piamente senza riso, umilmente, con gravità e poche parole ragionevoli parli e non sia chiavoso nella voce", secondo che scritto: "il savio, in poche parole si conosce."
Ma passiamo al terzo grado, non per discendervi si intende, ma per impararvi qualcosa.

CAP. III
"Terzo grado di superbia: l'allegria smodata"

E' proprio del superbo andare in cerca dell'allegria, sfuggire il dolore, perché come dice la Scrittura: "dov'è l'allegria c'è il cuore dello stolto". Anche il monaco, quando ha già disceso i due primi gradini della superbia, curiosità e leggerezza, se ne accorge che spesso la sua felicità tanto desiderata si accompagna all'amarezza del cuore geloso per il bene altrui, ed allora intollerante com'è d'ogni umiliazione, cerca un conforto dove non può trovarlo. C'è in lui qualche miseria o negli altri qualcosa che li distingue? Non ne vuol sapere affatto, anzi si rivolge dall'altra parte, tutto intento a cercare in se un briciolo di bene che lo metta in evidenza, chiude gli occhi sul bene altrui e così continua a godersela evitando tutto quel che lo può rattristare. Se finora la gioia e la tristezza si contendevano l'animo suo, ora vi regna la smodata allegria, la quale appunto segna il terzo grado della superbia. Così puoi riconoscerla in te e negli altri, quando uno c'è cascato mai lo trovi mesto a lamentarsi, a guardarlo sembrerebbe o un senza cervello o un senza peccato, triviale nei modi, faccia allegra, vanesio nel camminare, dedito al gioco, ridanciano. Se scorge in se qualcosa di spregevole, di triviale, fa di tutto per dimenticarlo, se vede un po' di bene: vero o immaginario che sia, l'ha sempre fisso in mente, lecito o no segue il suo gusto e basta, ormai non è più capace di frenare il riso, di contenere il suo chiasso smodato, come una vescica piena d'aria con appena un forellino se la comprimi si sgonfia e sibila perché l'aria non avendo libero sfogo esce a forza, e produce quella specie di fischio, vento della sua vanità per la regola del silenzio non può avere libero sfogo, sbuffa fuori per la strozza e risa smodate. Egli si nasconde vergognoso la faccia, serra le labbra, stringe i denti, ride, sghignazza senza di potersi frenare. Ha voglia di tapparsi la bocca con le mani, continua a sbuffare per il naso.

CAP. IV
"Quarto grado di superbia: l'ostentazione"

Ma via via che la vanità cresce e la vescica gonfia, l'aria compressa deve aprirsi un foro più largo altrimenti scoppia, così il monaco che ha il cuore gonfio di sciocca allegria, non gli basterà più sfogarla a forza di ridere e gesticolare ma dovrà ripetere con elium: "il mio petto è come vino nuovo senza zampillo che rompe i caratelli nuovi: dunque o parlare o scoppiare." E' gonfio di vane parole e dentro ha come un vento che lo mette in tensione, ha fame e sete di gente che lo stia ad ascoltare, per sciorinare loro ogni sua vanità, le sue idee peregrine, far loro capire insomma che grand'uomo egli sia. Presentatasi l'occasione di parlare, mettiamo di letteratura, ti tira fuori autori antichi e moderni, volano i giudizi su questo e su quello, rimbombano le frasi ampollose, corre avanti, tu non l'hai interrogato e lui ha già pronta la risposta; si propone difficoltà e le risolve, ti tronca a mezzo il discorso. Finalmente suona la campanella e bisogna smettere. Sarà un'ora intera che parla sempre lui, ma non gli basta, gli pare troppo poco, e va a chiedere il permesso di tornare a fare delle chiacchiere, a fare il saccente, non certo a fare del bene, o per lo meno se lo fa lui non ne ha davvero l'intenzione. Poco gli importa di istruirsi o istruirti vuole fare sfoggio della sua scienza e tanto gli basta. Se poi l'argomento del discorso cade sulla vita del monaco, ti vien fuori a parlare di visioni e di sogni, fa grandi elogi del digiuno, delle vigilie, soprattutto esalta la preghiera. Della pazienza, dell'umiltà, di tutte le singole virtù, ne parla come un gran dottore, ma un dottore pieno di ambizione. Si direbbe che la bocca parla dall'abbondanza del cuore e che l'uomo dabbene da un buon tesoro cava fuori del bene. Finalmente, se la conversazione prende un tono allegro, allora sì che è nel suo centro e non la finisce più. La sua bocca sembra una fonte di vanità., un fiume di scurrilità e anche uno serio ed austero, non può fare a meno di mettersi a ridere.

Insomma, per tagliare corto, osserva bene quel linguacciuto, ed avrai una descrizione viva, precisa del quarto grado di superbia: l'ostentazione. Tieni bene a mente il nome e fuggi il vizio.

Confronto la regola: nono grado dell'umiltà è che il monaco a parlare rifreni la lingua sua, e tacendo finché sia domandato non parli, mostrando la scrittura che quel molto parlare non si fuggirà il peccato. E' perciò che l'uomo linguacciuto non sarà diretto sopra a terra. Tieni quindi bene a mente il nome: l'ostentazione e fuggi il vizio. Lo stesso farai nel considerare il quinto grado di superbia cioè la singolarità.

CAP. V
"Quinto grado di superbia: la singolarità"

Per uno che vuol distinguersi sopra agli altri, è brutto rimanere alla pari di tutti e bisogna che faccia lo speciale per dimostrare la sua superiorità. Non gli basta la regola del monastero né il buon esempio dei padri più anziani. No, cerca di più. E non tanto per diventare migliore, quanto più tosto per apparir tale. Non perché veramente desidera una vita più perfetta, ma per dare un po' di fumo negli occhi e poter dire: "non sono uno come gli altri." Per lui un digiuno fatto di sua iniziativa, val più di sette digiuni insieme all'intera comunità. Una preghierina sua particolare? Più che la salmodia di tutta una notte. Vedi la regola: ciascuno sopra la misura a se imposta, alcuna cosa di sua volontà con gaudio dello Spirito Santo offra a Dio, cioè sottragga al corpo suo del cibo, del bere, del sonno, del parlare della scurrilitade, e con gaudio di spirituale desiderio aspetti la santa Pasqua. Ma questo medesimo che ciascuno offra, all'abate il dica e con sua orazione e volontà faccia. Perciocché senza permissione del Padre spirituale si fa, a presunzione sarà deputato, ed a vana gloria e non a mercede.

Al refettorio sta attento e gira gli occhi qua e là sulle tavole e se vede di uno che mangia meno di lui si sente quasi vinto, e c' ha stizza e toglie via spietatamente dal piatto la porzione che aveva preso proprio per bisogno, perché gli preme molto più conservar la fama anziché calmar la fame.

Quando scorge un confratello più magro, più pallido di lui, si sente umiliato e non si dà pace, in faccia non può guardarsi per sapere che impressione fa sugli altri, ed allora in mancanza di meglio si osserva le mani e le braccia, si tocca le costole, si tasta le spalle ed i fianchi, regolandosi così dalle membra del suo corpo più o meno esili, per indovinare così il viso colorito o pallido.

Finalmente egli è pronto per tutto ciò che di suo capriccio pigro agli atti comuni. Durante il coro si addormenta, se gli altri salmeggiano e vegliano tutta la notte in coro lui dormicchia, quando gli altri vanno a riposarsi nel chiostro lui rimane solo nella cappella e lì, dal suo cantuccio, sputa, tossisce e manda gemiti e sospiri da riempire le orecchie dei monaci che sono fuori al fresco. Con tutto questo "voler fare sciocamente lo speciale", si acquista la stima delle anime più semplici, che lodano dall'apparenza e non sono capaci di vedere bene a fondo. Ne fanno un santo, di quel disgraziato, e così lo traggono in inganno.

Confronto alla regola: l'ottavo grado dell'umiltà è che niuna cosa faccia il monaco se non quel che la comune regola del monastero ovvero ammaestrano gli esempi dei maggiori.

CAP. VI
"Sesto grado di superbia: l'arroganza"

Presta fede a quel che sente dire: "loda a quanto fa e non bada al fine, seguendo un'idea senza sapere il perché." Ecco l'arrogante. Mentre in tutto il resto si fida più di se che degli altri, quando si tratta della sua persona crede più agli altri che a se, e non soltanto a parole ed a fatti per presunzione, dimostra di avere la massima stima della sua vita di religioso, ma proprio è convinto nell'anima che non c'è un altro monaco più santo di lui. Per una piccola lode che riceve si monta subito la testa e non va a pensare che quella tal persona non lo conosce bene oppure è molto indulgente ma è convinto che veramente quella lode lui se la meriti. Così dopo alla singolarità si passa all'arroganza, e dopo all'arroganza al settimo grado, che è, come vedremo, la presunzione.

CAP. VII
"Settimo grado di superbia: la presunzione"

Chi si crede un uomo superiore per forza deve presumere più di sé che degli altri: egli si mette subito al primo posto nelle adunanze, risponde per primo nei convegni, ci va senza invito, si infaccia di quello che non gli spetta, e ritorna sul lavoro già fatto sulle decisioni già prese, perché se non ci mette le mani lui non c'è lavoro che vada bene o decisione che torni. Sputa sentenze sopra chi deve giudicare e lo previene prima ancora che abbia aperto bocca. Se, quando è il momento, non vien fatto priore, per lui l'abate o è un illuso o un invidioso. Se per obbedienza vien comandato ad un ufficio modesto, si arrabbia o si ribella perché lui non può perdere tempo in sciocchezze mentre potrebbe fare assai di più. Ora quando uno, non per franchezza, ma per temerarietà ha la mania di cacciarsi dappertutto, pronto a tutto, possibile che una volta o l'altra non ne commetta qualcuna, ebbene allora sarebbe dovere del Superiore far la correzione, ma come potrà confessare la sua colpa chi non si crede capace di commetterne? Anzi non permette neppure che lo credano gli altri. Quindi la colpa a lui imputata aumenta invece di essere cancellata, e quando di fronte all'accusa tu lo vedrai scendere a parole di malizia, ricordati che egli ormai è giunto all'ottavo grado di superbia: la scusa del peccato.
Confronto alla regola: il sesto grado dell'umiltà è se ogni viltade ed estraneità è contento il monaco e da tutte quelle cose che lui sono ingiunte, operaio, reo ed indegno si giudichi.

CAP. VIII
"Ottavo grado di superbia: scusare i propri peccati"

In tanti modi si può trovare una scusa al peccato, dicendo per esempio: "no, non l'ho fatto!" oppure "sicuro che l'ho fatto ma l'ho fatto bene!" - oppure: "ho fatto male, ma non poi un gran male!" o anche: "ho fatto male ma senza cattive intenzione..." Finalmente se anche uno deve riconoscere la cattiva volontà, va in cerca di una scusa come fecero Adamo ed Eva, dicendo: "l'ho fatto perché il tale o tal altro me l'ha fatto fare." Costoro pensa, han cercato di difendere le proprie colpe palesi, quando si decideranno a svelare con umiltà di cuore, al loro abate, i segreti pensieri cattivi che passano per la mente?

Confronto alla regola: il quinto grado dell'umiltà è se tutti i mali pensieri che vengono al cuore suo, ovvero i mali da lui nascostamente commessi per umile confessione non celerà al suo abate.

CAP. IX
"Nono grado di superbia: finzione nell'accusarsi"

Va bene, tutte queste scuse sono da riprovarsi ed il Profeta le chiama: "parole di malizia", ma pure è molto più pericoloso confessare le proprie colpe con orgogliosa finzione anziché nasconderle con impudente ostinazione. Infatti quando uno è accusato di pubblica colpa, se vuol difendersi non è creduto, e allora che fa? Cerca un'altra via usa un modo subdolo di scusarsi, "c'è chi si umilia maliziosamente ma dentro è pieno di frode," dice la Scrittura. Tien la fronte bassa, curva le spalle, spreme se gli riesce qualche lacrimuccia e soffoca di quando in quando la voce con dei sospiri e le parole con gemiti. Per di più questo tale non solo si scusa di quanto gli viene rinfacciato, ma perfino esagera egli stesso la colpa, perché così sentendo com' egli vi aggiunge cose impossibili o inverosimili tu pensi che non debba esser vero neppur quanto sapevi, e dall'accusa falsamente esagerata che egli ne fa, tu prendi argomento per dubitare di tutto il resto quando dunque sicurissimo. Egli afferma ciò che gli preme non sia creduto, e così accusando il peccato lo difende, palesandolo lo nasconde, cerca la lode ma si confessa con le labbra ma dentro il cuore nasconde ancora la malizia, la gente intanto crede che egli parli per umiltà non secondo verità e pensa a quel detto della Scrittura: "il giusto è il primo accusatore di se." Più volentieri corre il rischio di mancar di sincerità, anziché di umiltà agli occhi degli uomini però, perché davanti a Dio manca dell'uno e dell'altra. Dato il caso che la colpa sia tanto evidente da non poter rimediare con nessuna astuzia, allora il vinto prende la voce e non il cuore del penitente, vorrebbe cancellare la brutta traccia se non la colpa, e col bel gesto di una confessione pubblica cerca di far dimenticare quel che tutti sanno.

Gloriosa virtù quella dell'umiltà, per cui perfino la superbia vuole ammantarsi per non apparire spregevole, ma il superiore fa presto ad indovinare il tranello di questa orgogliosa umiltà, che tenta di nascondere la colpa e di ferire la pena. La fornace mette a prova il lavoro del vasaio e la tribolazione il vero penitente. Chi è proprio pentito non cerca di scansare il peso della penitenza, ma qualunque castigo gli venga dato lo riceve in silenzio con animo docile perché odia il male commesso, qualsiasi difficoltà incontri nell'obbedire, qualunque oltraggio riceva non si perde d'animo ma mostra di essere ben radicato nel quarto grado di umiltà.

Confronto alla regola: il quarto grado dell'umiltà è se nell'obbedienza nelle dure e contrarie cose ovvero nelle ingiurie a se fatte, tacita conoscenza abbracci la pazienza, e sostenendo non si sfatichi ovvero si diparta. Invece quando finge basta appena una parola che gli arrivi, basta un lieve contrasto perché non resiste, ed allora addio quella sua finta umiltà! Mormora, si agita, si arrabbia, da prova di sé insomma: altro che quarto grado di umiltà. Casca pari pari nel nono grado di superbia, che è l'abbiamo visto, la finta accusa del peccato. Quanta confusione per un orgoglioso così smascherato! Perde la pace, ci rimette del suo onore, ha sempre il peccato sull'anima. Tutti lo segnano a dito, ognuno vuol dire la sua, anzi di più si accorgono di aver sbagliato a giudicarlo di più si accaniscano. Allora è il caso che il superiore si decida a punirlo, avere degli altri riguardi per lui sarebbe proprio un'offesa per tutti.

CAP. X
"Decimo grado di superbia: la ribellione"

Ora, se la misericordia di Dio non lo soccorre perché si ravvede e che si acquieti al giudizio altrui, che poi è giudizio di tutti, cosa tanto difficile per un carattere come il suo, egli diventa uno sfacciato, ignorante, con grande rovina precipita disperatamente al decimo grado della superbia che è la ribellione. Prima, sotto sotto, disprezzava con arroganza i confratelli, ora con aperta ribellione disprezza perfino il suo maestro. Io finora ho diviso in dodici i vari gradi superbia, ma è bene osservare come essi si possano ridurre anche a tre, raggruppandoli così:
-     disprezzo dei confratelli (e comprende i primi sei)

- disprezzo del superiore (e ne comprende altri quattro)
- disprezzo di Dio (e comprende gli ultimi due),

Osserva ancora: l'undicesimo ed il dodicesimo della superbia corrispondono al secondo ed al primo sula via ascendente dell'umiltà, e come questi si devono salire nella vita religiosa, così quelli non si possono discendere rimanendo in religione. Ed i primi due dell'umiltà bisogna averli già raggiunti quando si entra in religione. Appare chiaro dalle regola che dice: "terzo grado e che ognuno, per amor di Dio, si sottomette al superiore con obbedienza in tutto." Ma vedi, questa sottomissione, è la prima cosa che si richiede ad un novizio, prima di essere aggettato, quindi se la regola le assegna il terzo grado, presupposto che i primi due siano raggiunti nel secolo. Per il resto, quando un monaco è arrivato al punto di infrangere per dispetto la buona armonia fraterna e l'ordine del superiore, che ci sta a fare nel monastero, se non a dare scandalo?

CAP. XI
"Undicesimo grado di superbia: la sfrenatezza nel peccato"

Il monaco ribelle o che sia cacciato via o che esca da se fuori dal monastero, fa presto a precipitare dal decimo all'undicesimo grado di superbia, mettendosi per una strada che sembra buona agli occhi del mondo, ma se il Signore non provvede, lo condurrà a capofitto nel profondo dell'inferno cioè al disprezzo di Dio. "L'empio," - dice la Scrittura - "quando è caduto nel profondo dei peccati, disprezza." E' l'undicesimo grado e si può chiamare sfrenatezza del peccato, ora il monaco non ha più nessuno che lo riguardi, non c'è più il superiore da temere né i confratelli da rispettare. Può dare ritegno, con più audacia, alle sue più passioni come non era possibile, o per timore o per pudore, dentro le mura del monastero. Però sebbene egli non abbia più paura dell'abate o dei confratelli, gli rimane un briciolo di timor santo di Dio, e la coscienza appena appena con un fil di voce glielo ricorda, sussurrandogli in fondo all'anima. Per cui da principio commette ogni nefandezza, non senza un po' di esitazione, entra nel vortice del vizio come uno che si trova a guardare un fiume e va a piccoli passi, non di corsa.

Confronto alla regola: lo secondo grado dell' umilitade è se alcuno non amando la propria volontà i desideri suoi non si diletti di adempiere.

CAP. XII
"Dodicesimo grado di superbia: abitudine del peccato"

Orquando per un terribile giudizio di Dio, l'empio ha potuto commettere impunemente le prime scelleratezze, ritorna con avidità al piacere provato e più ci ritorna e più se ne sente attratto.
Nel risvegliarsi dalla concupiscenza, la ragione intorpidisce, l'abitudine diviene come una catena che lo tiene stretto. Quel disgraziato precipita nell'abisso del male, schiavo sotto la tirannide del vizio, ed arriva ad un punto tale che travolto nel gorgo dei desideri della carne, dimentica della sua natura razionale e del timor santo di Dio. Finisce col dire, in cuor suo, quel pazzo: "Dio non esiste." Ormai fa tutt'uno tra lecito e livido con indifferenza. Oramai l'animo suo, la sua mano, il suo piede, non hanno più un freno nell'escogitare, nell'attuare tracciare ogni delitto. Tutto quel che gli capita sulle labbra e sul cuore egli lo rimugina dentro, ne chiacchiera, lo compie con malvagità, con menzogna, pronto a tutto. Insomma, come il giusto, che ha percorso i vari gradi di umiltà corre verso la vita, con animo pronto, senza uno sforzo per la buona abitudine acquistata, così l'empio, discesi i medesimi gradi, in senso opposto, per l'abitudine al male, or che non si regola più secondo ragione, non ha più un freno nel timore santo di Dio, con audacia, senza pensarci neppure, corre alla morte. Gli altri che i tengono nel mezzo tra i due estremi, provano stanchezza, angustia di spirito, son tormentati dal timore del fuoco delle geenna, oppure per l'impaccio delle vecchie abitudini tanto nel discendere che nel salire sono in un'agitazione e tribolazione continua. Ma chi è sulla vetta e chi si trova sul basso fondo, loro soli corrono senza ostacoli e senza sforzo, l'uno alla morte e l'altro alla vita, l'uno con grande slancio, l'altro giù a precipizio, mossi da carità o cupidigia. Nell'uno è l'amore, nell'altro il torpore che non fa sentire fatica. Nell'uno la perfetta carità, nell'altro l'empietà ormai consumata, da cacciar via ogni preoccupazione, da cacciar via ogni sicurezza, aprendo un asilo di sicurezza nella verità o nell'accecamento. Dunque il dodicesimo

grado di superbia si può ben chiamare: abitudine al peccato perché sparisce ogni santo timore e si cade nel disprezzo di Dio.

Confronto alla regola: primo dunque grado dell'umiltà è che il timor di Dio, sempre innanzi i suoi occhi pognendo, fucal tutto ogni oplivione ma sempre si ricordi di tutte quelle cose che comandò Dio.

CAP. XIII
"Se si possa pregare per i disperati, per quei che son morti spiritualmente, e in che modo."

"Per costui non vi dico di pregare," scrive l'Apostolo Giovanni. "Dunque noi dobbiamo disperare, oh Apostolo?" "Chi li ama, pianga su di loro, non osi di pregare ma anche non cessi di versar lacrime, come a dire: vi può dunque essere ancora un filo di speranza, quando non c'è più luogo alla preghiera?" Ecco un'anima che crede, che spera, ma pur non spera, ma pur non prega. "Oh Signore, se tu fossi stato qui, il mio fratello non sarebbe morto. "E' grande la fede di questa donna la quale afferma che se ci fosse stato il Signore sarebbe bastata la sua presenza per impedire la morte: ma intanto? Oh non vi è dubbio che se il Maestro poteva salvarlo da vivo potrà ora resuscitarlo da morte, infatti ella soggiunge: "ma pure io so che tutto quanto tu chiedi a Dio, Iddio te lo concede." Quando Gesù domanda: "Dove mai l'abbiano posto?" La sorella risponde: "Vieni e guarda." Come? Oh Marta, tu ci dai un bell'esempio di fede, è vero, ma possibile che pure in tanta fede vi sia della diffidenza nelle tue parole. "Vieni e guarda," tu dici. Ma se ti resta anche un fil di speranza, come mai non continui e dici: "Resuscitalo." Se poi per te non c'è più speranza, perché tu disturbi il Maestro senza ragione? Che forse la fede può spingerci più avanti, dove non giunge, la preghiera? Anzi quando Egli sta per avvicinarsi al cadavere, tu cerchi di tenerlo lontano dicendo: "oh Signore, manda fetore ormai, è di quattro giorni!" Dici così perché disperi o per nascondere l'animo tuo? Anche il Signore, dopo la risurrezione, fece le viste di dover andar lontano, mentre intendeva rimaner con i discepoli. Oh sante donne, familiari di Cristo, se amate davvero il vostro fratello perché non implorate la misericordia del Maestro? Eppure voi non potete dubitare della sua virtù, non potete disperare della sua benignità? Essi ci rispondono: "in tal modo, noi meglio preghiamo, efficacemente confidiamo pur senza sembrare. Dimostriamo la nostra fiducia, diamo prova del nostro affetto, perché lui lo sa da se quello che desideriamo, non ha bisogno che glielo ripetiamo a parole, che tutto Egli può è certo. Un miracolo tanto grande, così nuovo ed inaudito, per quanto possa operarlo, pur supera di troppo ogni merito della nostra pochezza. Per noi ci basta aver dato luogo alla sua potenza, occasione alla sua benignità, preferiamo di attendere pazientemente il suo volere, anziché chiedere con arroganza quel che forse Egli non vuole, insomma per ciò che manca ai nostri meriti, supplirà forse la modestia.

Anche Pietro dopo il suo grande peccato lo vedo lacrimare, non lo sento pregare, eppure non vi è dubbio che sia stato pentito. Impara dalla madre di Dio ad avere una grande fede nelle opere mirabili del Signore, eppure tanta fede a conservarti modesto, impara ad ornar la tua fede con la verecondia, a reprimere ogni sentimento di presunzione. "Non hanno vino." Ella dice, quanta brevità, quanta riverenza nell'esprimere il suo pio desiderio. E poiché impari in quali circostanze, più si conviene un gemito di pietà più che il chiedere con arroganza, Ella vela di modestia la sua ardente pietà, nasconde podicamente la grande fiducia della sua preghiera. Non si fa avanti con alterigia, non parla a voce alta avidamente davanti a tutti: "Figlio ti prego manca il vino. Sarebbe un turbamento per i commensali, un turbamento per lo sposo, mostra la tua potenza". Se anche Ella avesse parlato così, sarebbe stato, senza dubbio, per la sua ansiosa premura, per il suo grande amore: ma no! Avvicina, questa madre pia questa figlio potente, non per provarne la virtù, ma per conoscerne il volere: non hanno vino. Quale modestia! Quale fede più grande di questa. Vi è la pietà che spera, la gravità delle parole, l'efficacia della preghiera. Se dunque la Madre dimentica di esser tale, e non osa chiedere il miracolo del vino, io oh vile schiavo per cui sarebbe già troppo poter servire al figlio e alla madre insieme, con che faccia oserei chiedere la vita per un morto di quattro giorni? Nel Vangelo si racconta di due ciechi, dei cui uno acquistò e l'altro riacquistò la vista, perché l'uno accecato l'aveva perduta e l'altro cieco nato non l'aveva mai avuta. Ebbene quello accecato con pietose ed alte grida meritò un prodigio di misericordia, ma ben più grande l'ottenne il cieco nato, che pur senza chiederlo, fu prevenuto mirabilmente dalla grazia del suo illuminatore. Ed a questo fu detto: "la tua fede ti ha salvato."

All'altro no. Dei tre resuscitati ricordati nel Vangelo, uno morto da poco, l'altro da quattro giorni, la figlia dell'arci sinagogo, tuttora in casa ottenne la grazia per le preghiere del padre. Ma per gli altri due non si sperava neppure, l'ebbero soltanto per il gran cuore del Maestro.

Allo stesso modo: se per disgrazia dovesse avvenire, Dio ce ne guardi che qualcuno dei nostri fratelli perisca non della morte del corpo ma di quella dell'anima. Fintanto che egli rimarrà fra noi supplicherò che io con le mie povere preghiere, con quelle dei confratelli, così se tornerà a vita avremo guadagnato un fratello, se poi non saremo degni di essere esauditi e quel disgraziato non potendo più disprezzare i vivi, ed i vivi supportar lui sarà inviato come un cadavere verso la porta, allora continuerò a piangere senza posa ma non potrò più pregare, con la fiducia di prima, dicendo chiaramente: "Vieni, oh Signore, resuscita il nostro morto!" Soltanto col cuore, sospeso, trepidante non cesserò di gridare all'intimo dell'anima mia: "Oh semmai, semmai, semmai il Signore volesse accogliere il desiderio degli umili, e porgere il suo orecchio al sospiro del loro cuore, operi forse dei prodigi per i morti, o i medici li resusciteranno affinché ti diano lode? Del morto poi da quattro giorni ti dirò: "Narrerà forse alcuno, nel sepolcro, la tua misericordia, la tua verità nel luogo della perdizione?" Eppure il Signore può, talvolta se vuole, contro ogni nostra speranza quando meno ce lo aspettiamo venirci incontro e commosso non dalle preghiere ma dalle lacrime degli accompagnatori, ridonare il morto alla vita o anche sicuro fuori dalla tomba un sepolto.

Morto, io chiamerei appunto colui che, nell'ottavo grado della superbia difende i suoi peccati perché sta scritto: "Per parte del morto, come se fosse un niente, non può darsi confessione." Ancora tre gradi più sotto, sotto il decimo e quel disgraziato espulso dalla vita comune del monastero, tiene quasi tratto al sepolcro per la sfrenatezza del peccato, ancora un passo e si può ben dire un morto di quattro giorni, ancora un passo ed egli per la consuetudine al peccato è già sepolto. Oh no! Non cesseremo davvero di pregare per essi, almeno nei nostri cuori, dal momento che Paolo piangeva perfino su quelli che sapeva essere morti nell'impenitenza. Si escludono da se, nelle comuni preghiere, lo so, ma non potranno completamente escludersi anche dal nostro affetto. Ci pensino però in che grande pericolo si trovino, la Chiesa per la quale prega fiduciosa anche per i giudei, per gli eretici, per i pagani, non osa invece pregare pubblicamente per loro, infatti nel venerdì di parasceve si prega espressamente per tutti i cattivi, ma non si fa nessuna menzione degli scomunicati.

Mi dirai, oh fratel Goffredo: "ma tu hai svolto un argomento che non risponde alla mia domanda, né alle tue promesse. Invece dei vari gradi dell'umiltà, mi pare tu abbia descritto quelli della superbia." Ed io ti risponderò: "Ti do quel che ho: non conveniva che mi mettessi a descrivere le ascensioni dell'anima, proprio io che per esperienza so di scendere che di salire. Il beato Benedetto li presenterà lui i vari gradi dell'umiltà, giacché tutti li ha ascesi prima in cuor suo. Io ho da proporti la serie delle mie cadute, però anche in essa, se ci badi bene puoi ritrovar la via per salire. Mettiamo per esempio, che mentre fai il viaggio per Roma, tu ti incontri in un tale che vien proprio di là; se gli domandi la strada, non può far niente di meglio che indicarti quella per cui è passato lui stesso, nominandoti i borghi, le città, i fiumi, i monti che ha visto, descrivendoti insomma il suo viaggio ti descrive anche il tuo e lungo il cammino ritroverai via via quei posti medesimi per cui egli è passato a ritornare. Così anche tu, oh fratel Goffredo, per questi gradi che discendono, ritroverai forse il modo di salire e nello sforzo di elevarti, leggerai i vari gradi di umiltà scolpiti nel tuo cuore, assai meglio che nel codice che io ti posso dare. Amen.

Printed in Poland
by Amazon Fulfillment
Poland Sp. z o.o., Wrocław

Dedicated to animals in need of rescue.

And to my husband and children, also in need of rescue, as I embark on my next Smart Bitch Dumb Dog adventure.

A portion of the proceeds from the sale of this book will be donated to animal rescue initiatives.

Thank you to friends and family members for providing input on the countless drafts of this book. Special thanks to Dr. Shawn Irvine, Dr. David Johnson, Dr. Gordon Karels, Professor Andrew Scott, Lindell Wedding, Jana and Joe Hattey, Craig Palubiak, Donna Graves, Carmen Foxall, Jenna and AJ Whitrock, Heather and Nicolas Andrade, and Sydni Griswold.

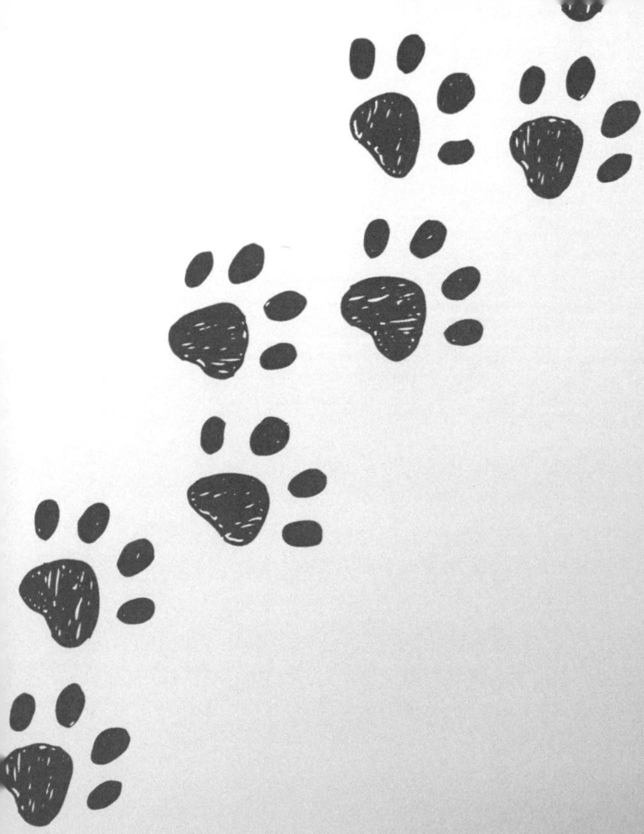

TABLE OF CONTENTS

PREFACE vii
INTRODUCTION... viii

CHAPTER 1 **Pooper Scooper: Fur-Ever Home**.............1
                 Needs and Wants, Awareness of Money, Saving

CHAPTER 2 **Shed Some Light: School Days**................8
                 The Skill of Learning, Academic Skills, Social Skills

CHAPTER 3 **Hot Dog: High School**......................13
                 FICA, Savings, Career Training

CHAPTER 4 **Ruff Days: College/Career Training**..........18
                 Minimizing College Expenses
                 Student Loans, Parent PLUS Loans
                 Interest on Loans, Delayed Gratification

CHAPTER 5 **Dog-Eat-Dog World**........................28
                 Health Insurance, Benefits Planning
                 Bankruptcy, Co-Signing Loans, Budgets

CHAPTER 6 **Top Dog or Sub-Woofer?**....................35
                 Credit Scores, Retirement Savings, Investing, Stocks, Bonds, Index Funds, Mutual Funds, Debt Management, Credit Cards

CHAPTER 7 **Time Barks On**............................56
                 Life Insurance, Delayed Gratification

CHAPTER 8 **Show Dog**.................................62
                 The 28/36 Rule, 5 C's of Credit, Mortgage Loans, PMI, 529's, Budgeting

CHAPTER 9 **Dog Paddle**...............................74
                 Retirement, Social Security, Medicare, Reverse Mortgages

CHAPTER 10 **Teach an Old Dog New Tricks**..............78
                 Recap of the Financial Basics

A NOTE FROM THE AUTHOR................................88

PREFACE

Smart Bitch Dumb Dog is a lighthearted and informative story about the lives of two dogs as they trot down the path toward financial freedom. Sherman, the dumb dog, makes many poor decisions on his journey while Bella, the smart bitch, has all the answers! This story incorporates financial concepts with best practices in personal finance using a tone that is easy to understand and incorporate in your own life. This story will leave you feeling motivated and empowered to take steps toward financial freedom. After all, if Sherman can dig his way out the financial mess he is in, you can too!

It is never too late to start making financial choices that will bring peace to your life. In other words, **you can teach an old dog new tricks**. In this book, Sherman learns that while he made poor financial choices early in life, it was not too late to learn the skills necessary to reach financial freedom. Unfortunately, we are not born understanding financial concepts, and not all parents have the money skills or ability to teach them to their children. Sherman exhibits the courage to learn and the grit to make necessary change. He breaks the cycle of financial chaos and illiteracy in his family.

Financial security rarely happens by chance. It takes sacrifice and discipline. We all have different backgrounds, but in the end, most of us struggle with the same temptations when it comes to money. After all, spending money is much more fun than saving. This book will encourage you to minimize spending while maximizing saving and to work toward paying off your debts. Many financial concepts will be explained that will assist you in your journey toward financial freedom including the concept of *not* trading hours for dollars. Developing a plan of putting your money to work is vital in reaching your goal of financial freedom.

Remember, financial discipline is difficult, and there is a juicy bone around every corner waiting to separate you from your money. While making healthy financial decisions may seem impossible, it is not. All dogs struggle, however, the payoff of financial freedom and the peace that comes with it is worth the sacrifice.

INTRODUCTION

Once upon a time there were two golden retriever puppies named Bella and Sherman. The puppies were born in the same litter but were soon separated as they moved to their fur-ever homes.

Bella was taught the importance of discipline and lifelong learning in her quest for success in both her career and her finances. She was taught financial principles appropriate for each stage of her life. Bella was given a strong foundation for making good financial choices, which resulted in Bella having control over her finances. In fact, Bella was so comfortable with managing her money that it became second nature to her.

Sherman was not so lucky. Sherman's parents struggled financially, so they were unable to teach Sherman the skills necessary to manage his money. Sherman did not learn financial basics as a young dog and by the time he realized the need to learn money management skills, he was already belly deep in debt. He spent many years avoiding the topic of finance in hopes that his money problems would disappear. The years were full of stress and worry for Sherman, as the dark cloud of debt caused many sleepless nights. It wasn't until later in life that he made the decision to stop chasing his tail and take charge of his financial situation. He learned how to manage his spending and debt while saving for retirement. He overcame many years of mismanaged money to find his way down the path of financial freedom.

While both Bella and Sherman reach financial freedom, their paths are very different. This is the story of their journey.

dog-eared
adjective
having some pages of a book with the
corners folded down (or up).

DOG-EARS

As you read this book, you will find these *dog-eared* pages. Here, you might want to *mark your territory*, because you are being thrown important *bones* of financial knowledge.

CHAPTER 1

Pooper Scooper: Fur-ever Home
Needs and Wants, Awareness of Money, and Saving

Both puppies were adopted by packs that loved them very much. Bella's family structure was less traditional than Sherman's. Bella's fur-ever family included a mom, two brothers, and a grumpy old cat. The dogs were mixes and mutts. Sherman's fur-ever family was of the highest pedigree and included a mom, a dad, and a pack of five pure-bred brother and sister pups.

BELLA

Bella's new fur-ever home was comfortable but without excess. Her new mom provided basic needs for everyone in the home but was careful to not spoil the pups by buying unnecessary material items. The pups were raised understanding the difference between wants and needs, and by not allowing the pups to have everything they wanted, the pups could better understand the distinction. It also helped when introducing the basics of money.

Bella's mom was cautious when it came to exposing the puppies to technology. While she fully understood the positive aspects of technology, she wanted to maintain control over what the puppies were exposed to at a young age. Because of this, she did not allow her pups to have televisions or computers in their rooms. The young pups were not allowed to have smartphones or social media accounts. When technology time was allowed in the home, it was primarily for educational games. Random video gaming was rarely used as entertainment because the pups were busy with other activities. While there were times that Bella's mom was tempted to use technology to entertain the pups, she resisted the temptation. She served as a role model for her children by minimizing the use of technology during valuable family time.

Bella's mother put emphasis on structure and routine so the puppies knew what to expect and what was expected of them. Every night, Bella's family shared a meal together and talked about their day. Bella's mom loved to hear about the new friends her pack had made, and she encouraged her pups to never judge others by their pedigree. After the pups finished their homework, they took baths and brushed their teeth before bed. Bedtime was the same time every night, and as a special treat, the puppies with good behavior for the day were allowed to stay awake an extra fifteen minutes to read a book. The puppies in Bella's family lived with routine which gave them comfort and stability.

Bella's new home encouraged structure, hard work, and discipline. Bella followed the rules set by her mom and had to work to receive treats. When Bella chose to not follow the rules, she ended up in the dog house, and there were consequences to her actions. She understood the boundaries set by her mom, and she knew with certainty that her mom would enforce the rules. Bella's mom helped her pups make the link between their actions and the reactions of others, and her mom was consistent in disciplining the pups. Bella learned quickly that being a "good dog" meant receiving praise, love, and a good belly rub. Her mom consistently provided her with positive feedback when she wanted Bella to repeat behaviors. Expectations were high, but Bella took pride in making her mom proud.

While Bella sometimes wished her mom would buy her more bones and let her play video games, she knew her mom loved her, and she was a very happy pup. Bella's mom did not attempt to buy her love through material things. Rather, love was shown through time spent as a family and support of each other as they went through tough times.

Bella's mother was conscientious when it came to money. She often discussed the concept of money with her pups. She believed that financial awareness started at a young age, and she wanted her pups to grow up understanding the basics of money management. While her pups were young, she used age appropriate conversations to introduce the concept of trading hours of work for money earned. She then took the conversation further by teaching the pups about trading money earned for goods purchased. The pups learned the value of a dollar through simple tasks of comparing name-brand dog bones to generic dog bones in the store. When the family chose to purchase name-brand items, they discussed the positive and negative aspects of the decision. Soon, the puppies understood that there was a financially conscious decision-making process involved in buying goods. They also understood that there was not an unlimited supply of money, and the family had to make choices. Choices were identified as either wants or needs, and money was budgeted based on the priority of the purchase.

Bella and her siblings did not earn an allowance because their mom felt that each pup should do chores to help maintain the family household, rather than to earn money. While Bella's mom did not believe in giving an allowance, the pups sometimes received money by doing odd jobs in the neighborhood. When the pups had money in their possession, they learned to prioritize their money, to save appropriately, and to purchase conservatively. The pups were taught to save a minimum of 20% of the money they earned. For example, if the puppies earned $20 doing odd jobs, they put $4 in their savings and were allowed to spend the remaining $16. This provided the perfect opportunity to learn about wants and needs and to prioritize spending. Often, the pups ended up saving more than 20% of their income because they found they really did not have needs or wants left unmet.

Life was good, but, while Bella knew jealousy was negative, she could not help but feel jealous of her littermate, Sherman. His fur-ever family seemed so rich that they could buy Sherman every bone and video game on Earth. It seemed as though Sherman got as many treats as he wanted and always carried the best bone in town. He was even groomed professionally every week at a place that gave him new scarves and vests. Bella could not help but envy Sherman, and at times, she secretly wished she had been adopted with Sherman into a high pedigree family.

SHERMAN

Sherman's new home was fully furnished with everything a young pup could want. Upon arrival at his fur-ever home, he was given his own bedroom that was equipped with a special dog mattress, dog bones, stuffed dog toys, a television, a laptop, and a new smartphone. His new family was among the highest pedigree in town. In fact, his new parents thought they were so important, their poop didn't need scooped.

Sherman loved to play video games and surf the internet on his new smartphone. He and his new siblings spent time together, but they really didn't talk because they were each busy with their own gaming device. Sherman didn't mind because he had plenty of other friends. Sherman made friends all across the country through his video games. He was loved by dogs all over the world, and he won many badges, honors, and show-ribbons through high scores on his games. Sherman had the perfect set up in his room with two screens, so he could play video games while watching TV!

Sherman felt lucky that his parents did not tell him what to do or make him go to bed at a certain time each night. He often fell asleep when he was tired, often with his TV on and game in his paws. Sherman's parents trusted him, so they did not feel they needed to make sure he completed his homework. They felt confident that Sherman was smart and would get most of his homework done before class started the next day.

Sherman's parents did not directly tie consequences to the actions of their puppies. In an effort to avoid conflict in the home, they sometimes chose not to discipline Sherman's poor choices or poor behavior. They believed that under Sherman's sassy bark and ornery exterior was a good dog waiting to express himself. In fact, often when he misbehaved they made excuses for him by blaming it on his lack of sleep or his young age. They even went so far as to blame the mailman for Sherman's poor behavior. This was common among Sherman's siblings as well. They each had sharp barks and a quick bite. Several in the pack had multiple run-ins with the dog catcher. Sherman's parents felt their pups would mature in time and would figure things out and change. Sherman's parents wanted to maintain a friendship with their pups and didn't want rules to get in the way of that friendship. His parents were so busy with their own social demands that they could barely keep up with the activities of their pack.

Sherman's parents wanted to make sure that their entire pack of pure-bred golden retrievers had everything they needed in life to be successful. They made sure the pups had the latest and greatest bones, toys, clothing, electronic equipment, and gadgets. While they were struggling to live paycheck-to-paycheck, they did not share their financial challenges or concerns with their children. Behind closed doors, Sherman's parents often growled about their inability to keep the bills paid or save for retirement. Their checking account was bone-dry, and their credit cards were maxed out. But in front of the family, they hid their concerns. They wanted their pups to live the golden life. They believed that by hiding their financial problems, they were sheltering their puppies from adult concerns. Under no circumstances would they let money stand in the way of buying their pups something the other pups in the neighborhood owned. They believed that their pedigree entitled them to a high standard of living, and they did not want any pack in town to question their worth.

  Overall, Sherman's parents did not understand their own finances, and therefore did not feel comfortable training their pups on the subject matter. They felt burdened with debt and worried constantly about feeding their pups. They were belly-deep in debt and had not given thought to funding college or retirement. While they were able to dog-paddle their way through life, the current seemed to constantly push them down stream.

  Sherman and his siblings earned a weekly allowance,

although there were few chores tied to the reward. Sherman was allowed to purchase what he wanted with his money, and he often convinced his dad to give him additional money on top of his allowance so he could purchase new video games. Sherman did not plan ahead or do research before making his purchases and often felt "buyers regret" after a few hours with his new video game. Overall, Sherman had no concept of wants or needs when it came to money. He was completely unaware that there was a limited amount of money available each month for purchases.

> *Did you know that 49% of Americans are currently living paycheck-to-paycheck according to a 2017 survey?*[1]
>
> **It's a dog-eat-dog world out there!**

Sherman's parents did not use positive reinforcement to encourage behavior. Rather, when they noticed poor behavior among their litter, they grounded the "dumb dog" and put him or her in time out. Sherman and his siblings quickly realized that their parents rarely followed through with punishments. If the pups barked and whined long enough, their parents would get tired of the noise and end the punishment early. Sherman didn't really mind time out. It was even somewhat fun as he maintained access to video games and his computer while confined to his room.

Both Bella and Sherman were lucky to find fur-ever homes that included parents who loved them. At a young age, both pups learned lessons that would shape their future years. For Bella, those lessons would have a positive impact on her future as she was able to distinguish between want and needs and she understood that there was a limit to the amount of money available each month. She also understood that there were consequences for her actions. Unfortunately, Sherman was not exposed to the concept of suffering consequences for poor behaviors. He was unaware of money and was developing an expectation for unnecessary material objects.

CHAPTER 2

Shed Some Light: School Days

The Skill of Learning, Academic Skills, and Social Skills

Bella and Sherman attended school with very different mindsets. Both pups took cues from their parents in regard to their attitude toward learning. And while Bella was taught how to learn, Sherman was left on his own to figure it out.

BELLA

Bella enjoyed school. She came to school each morning with a belly full of food and a positive attitude. She loved to romp around with her friends and growl and play. Bella knew that school was a time to socialize and have fun, but also to learn new things. School was for learning, and homework was the tool used to prepare for school. She couldn't wait to go home each evening to share what she had learned that day with her family.

It is well known that golden retrievers shed, and Bella's mom was no exception. She shed light on important study skills for her pups. The pups learned how to retain important material by studying in small time increments and being focused during study time. It helped Bella to use various forms of studying for long-term retention including reading, listening, and writing. Bella learned best through repetitive exposure to important material in fifteen minute increments.[ii] At the end of the fifteen-minute focused study session, she would take a break. This allowed her little puppy brain to stay fresh and focused during learning.

Bella was taught to minimize distractions if she wanted

to make good use of her study time.[iii] For example, Bella and her siblings were taught to never study in front of the TV, computer, or smartphone, or with head phones blasting in their ears. The brain needs focus to retain material and multitasking is detrimental to learning.[iv]

The pups were taught that if they were struggling to understand concepts, they needed to seek help instead of ignoring the deficiency. While learning and studying required sacrifice, Bella knew that in the long-run, it would pay off.

Bella's mom also shed light on the negative aspects of procrastination in learning. She knew from experience that waiting until the last minute to do homework or study for an exam was detrimental to learning.[v] While procrastination might allow for quick regurgitation of content, it would not allow for true learning. With that in mind, Bella and her siblings studied in a quiet place for a small amount of time every day. Each week, they planned ahead and developed a schedule for assignments due and exams. This allowed Bella to learn material a little at a time so that the night before a big homework assignment or exam, she was able to get a full night of sleep. Bella understood the importance of sleep in her ability to retain important material and perform well in school. While cat naps were discouraged, dog naps were common in Bella's new home.

Bella and her siblings were taught to respect teachers and authority figures. Bella knew that any disrespect given to a teacher would have big consequences at home. One time, Bella's brother disrespected a teacher at school and he suffered the consequences at home for over a week. His punishment included alone time in the dog house with no trips to the park or treats after school. His mom even made him write an apology letter to the teacher.

Bella's mom also respected teachers and did

not second-guess or talk negatively about a teacher or homework in front of her pups. When she needed to discuss issues or concerns with a teacher, she spoke only in private to the teacher and did not involve the puppies in the discussion. Bella's mom did her part to help reinforce concepts taught in school, and she required her pups to take responsibility for completing their homework on time. Bella's mom believed that instilling respect for authority figures and teaching the pups to take responsibility for their actions would benefit the pups when they became adult dogs.

The pups in Bella's family were less than perfect and, in fact, experienced the typical struggles of elementary school. Some family members enjoyed school more than others, some subjects were harder to learn than others, and some pups were growled at by fellow classmates.

SHERMAN

Sherman was indifferent to school. Overall, he disliked his teacher and felt that most of his time at school was a waste of time.

Sherman often arrived at school tired, late, and without breakfast. His parents tried, but Sherman's gaming habit and lack of routine at home resulted in chaos when it came to school preparedness. At times, he was hurrying to finish his homework before the final bell of the morning, or he would miss assignments altogether. He even found himself surprised on some test dates. Sherman's teacher's name was Ms. K. Nine. Sherman felt that if Ms. K. Nine made the homework more relevant to his life, he would have more initiative to complete it. If grades really mattered, he would earn better grades. While Sherman did not lack intelligence, he was a "dumb

DOG TRAINING 101

If you review new material within 24 hours of learning it for the first time, you have an 80% chance of retaining it. And if you continue to review the new material several times during the first week, you have an even better chance of retaining it.

Conclusion:
A dog can optimize study time by studying new material closer to the day it is first introduced than the day before the test. [v]

Sit • Treat • Sit • Treat • Sit • Treat

dog" when it came to school. He was disrespectful to his teachers and his fellow classmates. Sherman struggled socially because he lacked communication skills and had not been socialized with other pups. Often while Ms. K. Nine explained important concepts, Sherman was day dreaming about digging through trash or smelling butts. He lacked motivation and understanding for the important stages of learning.

Sherman's parents rarely noticed low grades, and when they did notice, they believed Sherman when he blamed his "stupid teacher." Sherman made many excuses for his lack of performance in school and often told lies when confronted about missing assignments. Deep down, Sherman knew he was falling behind in a few of the harder subjects and this left him feeling intimidated. He was trying to cover his tail and get through each day without getting caught.

Sherman missed school several times a month because he was tired and not interested. Sherman would much rather spend his time gaming than reading books or dealing with classmates and teachers. Overall, Sherman's parents hoped this was just a stage that Sherman would outgrow.

Sherman's mom did not like Ms. K. Nine and agreed with him that most of the assignments were a waste of time for a "smart dog like Sherman." Sherman's dad believed in education but didn't want to have conflict, so he kept his barks to himself. Several times, Sherman's mom had to call Ms. K. Nine to tell a fib as to why Sherman's homework was late. His mom felt okay about this because in her opinion, the assignments weren't very relevant to Sherman's future. After all, she believed Sherman would likely become a veterinarian, and veterinarians did not need to know mathematics or English. She felt as long as Sherman performed above average in science he should be fine. Overall, Sherman's mom was uninformed and not very realistic when it came to career planning.

When Sherman had to stay after school for detention, his mom complained to the principal that Ms. K. Nine was barking up the wrong tree! She even threatened to complain to the school board. Sherman wasn't exactly sure what that meant, but he knew that his parents shared his belief that overall, Ms. K. Nine was a "dumb dog."

The skills learned in elementary school, both academic and social, would carry forward for Bella and Sherman. Bella had learned the skills and habits needed for successful learning. Her attitude toward school and specifically, her teacher, would shape her future feelings about learning and figures of authority. Unfortunately, Sherman was too busy playing video games and making excuses to learn how to study. His home environment had reinforced his negative attitude toward school and authority figures and set him up for a ruff beginning in high school.

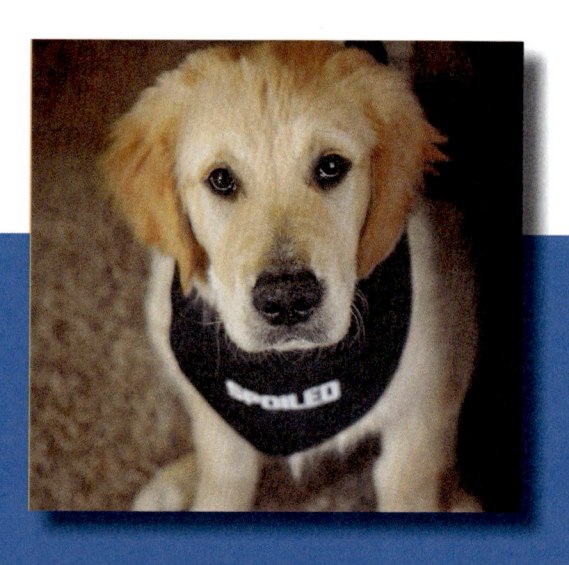

CHAPTER 3

Hot Dog: High School
FICA, Savings, and Career Training

Both Bella and Sherman experienced the normal ups and downs of high school. Through it all, Bella matured considerably and became a smart and motivated young dog. Sherman did not fare as well. In terms of maturity, he was stuck in sixth grade with his lack of self-discipline, motivation, and desire to learn important things.

BELLA

Bella was disciplined and structured as a teen pup, but she also made many friends and had a lot of fun. She had a few run-ins with mean female dogs, but overall, her high school years were a walk in the park.

Bella felt proud of her grades and could easily make the link between disciplined study habits and her ability to learn. Her grades were not perfect, however, she continued her good study habits and discovered how to truly learn material rather than how to put content in her short-term memory for regurgitation on exams. This helped her considerably when she started taking advanced classes where new material built on prior learning.

Bella was busy in high school but made time for her first part-time job. Bella worked at the local "Clip and Dip" grooming service company for a few hours each weekend. Bella answered phones, made appointments, and swept floors. She learned a lot about customer service and working for minimum wage. When

> *Approximately 50% of teens say they often watch TV or use social media while doing homework. This type of multi-tasking may have negative effects on learning including a weaker grasp on information, poor retention, higher levels of stress, and frustration.*[iv]
>
> **One bone at a time, puppies!**

Bella received her first paycheck, she was shocked at the amount of money taken out of her check for federal taxes, state taxes, Medicare, and Social Security. While state taxes differ based on what state you live in, federal taxes are calculated using a chart of tax brackets provided by the federal government. Bella had been taught that U.S. federal taxes are progressive because the percentage tax rate charged goes up as the wage earner makes more money. Bella knew she would make very little money over a year's time of working short shifts on the weekend and, therefore, pay little or nothing in federal taxes. She also understood that no matter how much was taken out of each paycheck, all amounts paid would be reconciled with the amounts owed to the state and federal government when she filed her taxes the following spring. If she paid too much in, she would get a refund. If she did not pay the full amount she owed, she would have to pay the balance with her tax filing. Taxes are due near April 15th of the year following the tax period.

Bella was confused by the Medicare and Social Security taken out of her paycheck, so she sat down with her uncle to learn more about payroll taxes. Uncle Lassie explained that the federal government collects Medicare tax out of all wages paid in the U.S. at the rate of 1.45% and Social Security out of all wages paid at the rate of 6.2%. On many paystubs, this is not itemized, but instead, the paystub simply reads "FICA." FICA stands for Federal Insurance Contribution Act and refers to your contribution toward Medicare and Social Security. Interestingly, Bella also learned that while the employee pays the 7.65% out of their earned wages in the form of FICA taxes, the employer has to match this and send 7.65% to the federal government for every dollar they pay in wages. In other words, for every $100 Bella earned at "Clip and Dip," Bella had to pay $7.65 in for FICA. Then the owner of "Clip and Dip," Mr. Timmy, also had to pay $7.65 to the government for every $100 Bella earned. (Mr. Timmy paid a total of $107.65 when Bella earned $100 in wages.) In total, 15.3% of wages paid was sent to the federal government in the form of FICA payments. Bella often heard her boss expressing concern about "payroll taxes" and now she understood why. Timmy knew that at any moment a business might stumble financially and fall into a deep well of payroll tax debt.

Bella saved 20% of her income in preparation for college. She knew college was expensive, and she wanted to be as financially prepared as possible. She began researching colleges and investigating various career options. Bella's mom encouraged her to think of college as "career training." She wanted Bella to tie her college plans to the career she wanted to pursue in life and the lifestyle she wanted to live. She encouraged her to research various career options before considering a major in college. Her research helped her visualize what her future might look like under difference scenarios. Her research involved discovery of future demand for dogs in the career field and the salary they were likely to earn based on the geographical area of residency. While

Bella planned to attend a four-year college for her career training, her brother had chosen to attend a technical college to develop his skills. After all, career training comes in different forms for different dogs based on their goals and career aspirations. While some careers need a four-year university degree, others need a two-year or technical training for career preparedness.

From a young age, Bella was taught to visualize her successful future as a product of hard work. She knew that preparing for her future and sacrificing at a young age would result in a sense of pride as she became an independent adult dog.

SHERMAN

Sherman struggled as a teen dog. His poor habits of not completing homework in a timely fashion caught up with him. His sleep schedule was off and he struggled to maintain face-to-face relationships due to poor communication skills. Sherman continued to be an "alpha-dog" in the gaming world, but he felt no one really cared about him except his gaming friends. Sherman preferred to stay locked in his room and play dead instead of interacting with other dogs. He had not been socialized appropriately as a young dog and this led to stress and anxiety during his teen years.

The dog ate my homework!

Sherman needed immediate feedback in most aspects of his life. Video gaming provided him with this. At times, Sherman would bite someone at school just to confirm that someone cared. Unfortunately, Sherman had trouble understanding that, while a pup is given multiple lives in a video game, there is no reset button in real life. Past actions and life failures can be hard to overcome in the game of life.

When things did not go his way, Sherman often retreated back to the example shown in grade school when his parents would blame his teacher. Sherman struggled to take responsibility for his actions. He failed to make the link between his actions, or lack thereof, and the reaction of others. Sherman often felt he was a victim of circumstances and that it was not his fault that things weren't going his way. After all, life is ruff and some dogs just have bad luck!

Sherman had not given much thought to his future or what career to pursue in life. The only thing that made him feel good was time spent alone in his room with his gaming devices. He thought he may be able to make a career out of gaming. He dreaded the day when he would have to tell his parents that he was not planning to attend veterinarian school.

At this stage in life, Sherman understood very little about money. He had not been exposed to budgeting or the concept of wants versus needs. He had not considered the link between the career he would choose and the subsequent lifestyle the salary would allow.

High school flew by for the dogs. Bella thrived while Sherman simply survived. Bella used high school as a spring board to college while Sherman used high school as a spring board to nowhere.

CHAPTER 4

Ruff Days: College/Career Training

Minimizing College Expenses, Student Loans, Parent PLUS Loans, Interest on Loans, and Delayed Gratification

While both dogs attended college, they attended college for different reasons. Bella used college as an opportunity to prepare for a career and adulthood. Sherman lived the life of a party dog in college and approached college in dog years.

BELLA

When Bella went to college, she lived on campus and got involved in extracurricular activities and student government. Her high school grades had been rewarded with a partial academic scholarship.

Bella continued working a part-time job through college to keep her student loans at a minimum. Bella's mom made enough money that Bella did not qualify for subsidized loans. Each semester, her mom reviewed her unsubsidized student loan debt balances with her so she was fully aware of the impact of her loans on her future. Bella had researched the internet to find a student loan calculator that, when given a loan amount, could calculate the anticipated payments and the total interest she would pay over the life of the student loan.

Bella had worked through several scenarios and realized quickly the importance of keeping her loans at a minimum. For example, if Bella borrowed $75,000 in student loans at 4.45%

interest, she would have to pay $571.83 each month for fifteen years. In total she would pay $27,929.45 in interest before paying back the loan. If she kept her loans down to $50,000 her payment amount would be $381.22 each month for fifteen years with a total interest paid of $18,619.64. And if she kept her student loans at only $25,000, her payments would be $190.61 each month over the fifteen-year period with interest paid of $9,309.82.

Bella's goal was to keep her total student loan balance below $25,000. She hoped to pay the loan back in ten years rather

QUIT CHASING YOUR TAIL

If you qualify for a federally subsidized student loan, the U.S. Government pays the interest on the loan while you are a full time student.

Qualification for a federally subsidized loan is income-based. Federal students loan qualification is based on your FAFSA. (Free Application for Federal Student Aid). For information on the FAFSA go to fafsa.ed.gov.

Unsubsidized loans begin accruing interest immediately. Payments on the loan are deferred until after graduation, but interest is still being charged.

Federal student loans and private student loans are two different things. Private student loans are offered through private banks or companies and usually charge higher interest rates and fees.

REMEMBER, the goal is to borrow as little as possible for career training. The more you borrow, the more interest will accrue, and the more you have to pay back.

> **CANINE CAUTION**
>
> *Did you know that 64% of college students take out student loans?*
>
> *More than 20% of students with student loans think they will have $50,000 or more in loans at the time of graduation!* [vi]
>
> *How much is "okay" to borrow for career training?*
>
> *The "rule-of-paw" is the average salary of your first three years of employment in the career.*

than fifteen. Paying the loan back in ten years instead of fifteen would mean higher monthly payments but a considerable savings in overall interest paid over the life of the loan. Paying her loan back in ten years would require payments of $258.49 and total interest paid of $6,019.27. She would have to sacrifice to pay the additional $67.88 per month in monthly payment but she was willing to make the sacrifice in order to save $3,290.55 in interest. That's a lot of bones!

Bella was less than perfect through college. As a freshman, Bella developed some ruff habits. As a matter of fact, Bella had strayed considerably during her early college years with partying, socializing, and smelling butts more than she should. Luckily, during her sophomore year, she took a per-

> **PAW-SITIVELY FASCINATING!**
>
> *Financial literacy is "the ability to use knowledge and skills to manage financial resources effectively for a lifetime of financial well-being."* [vi]

sonal finance class that helped her get back on track through focus, discipline and financial literacy. She knew it was never too late to regain focus and make good choices.

> **BAD DOG!**
> *A budget is a roadmap for spending. Unfortunately, only 1/3 of Americans prepare a detailed household budget according to a 2013 Gallup News Poll.*

As a young dog, Bella had been trained to look at college as career training. She chose a major that would result in a career that would give her a sense of pride and accomplishment. While she knew money would not make her happy, she understood that she had to tie her career goals to the spending ability she would have as an adult dog. She had watched her mom live financially conservative her whole life. She recalled living on a budget and not getting every bone or toy she wanted. She also recalled not getting her dog-nails done professionally or receiving a car at age sixteen. She was not allowed to have a TV or computer in her room, and while she sometimes resented that as a young pup, she was starting to realize that TV and video games could be a waste of valuable time. The sacrifice made earlier in life was really paying off!

At times, Bella was jealous of the golden pups who spent each afternoon at Star-pugs socializing and enjoying premium treats and pup cups. However, her personal finance class taught her that foregoing the $8 per day in premium treats would result in monthly savings of about $240. If Bella invested that savings

WAIT FOR IT!
Delayed gratification is the practice of resisting the temptation to make purchases right now, so you can make more significant and satisfying purchases in the future.

each month for ten years (from age twenty to age thirty) the savings would grow to almost $43,907, assuming an 8% return on her investment. Compound interest would allow Bella to earn interest on interest over time which would have a big impact on the accumulation of wealth in the long run. She planned to use disciplined spending and delayed gratification to spend less now which would allow her to reach financial freedom at a younger age.

Bella adopted her mom's saying, "Busy dogs get more done!" She was busy yet focused and disciplined during her final college years. Bella's mom was proud to see that Bella was developing into a very smart young bitch. It was obvious that if Bella maintained focus toward her goals, she would be golden!

CANINE CONSULTATION

If Bella were to invest $240 every month from age 20 to 30 into a fund earning 8% interest, she would have accumulated $43,907 by age 30. If she left the $43,907 in the fund until age 60, it would be worth $441,821 without making any additional deposits.

If Bella waited to start investing until age 30 and made the same deposits of $240 every month until age 60, she would only have $357,686.27. By starting early, Bella would be earn $84,134.73 more while investing less.

If Bella started at age 20 and continued to make deposits of $240 in her fund through age 50, she would accumulate approximately $772,218 in the fund by age 60.

INVESTING EARLY ALLOWS COMPOUND INTEREST TO WORK ON YOUR BEHALF!

SHERMAN

After high school, Sherman attended a four-year private university. Unfortunately, Sherman did not approach college with a plan. Due to lack of planning, research, guidance, and maturity, Sherman went to college unprepared and for the wrong reasons. He went to college because his friends were going, not because he had the end-goal of career training in mind. The lack of planning, focus, and discipline cost him a considerable pile of bones.

He changed his major several times during his first three years as he explored the curriculum to "find his calling." With each change of major, graduation requirements changed, which added a few additional semesters to his college plan. He flunked a couple courses which meant he had to re-take the courses and pay for the tuition a second time. Sherman was unaware of the financial impact of inefficient college course completion.

Sherman also did not realize that the university he attended charged the same amount of tuition whether he took four classes or six classes per semester. As with most universities, the university he attended had a "full-time student" price for anyone taking between 12 and 18 credit hours per semester. Sherman took only four classes (twelve semester hours) per semester

> ## SNIFF SNIFF
>
> Many dogs borrow the maximum allowed on their student loans to maintain their lifestyle without understanding that, while they do not have to start making payments on the loan until they graduate, the unsubsidized loans start accumulating interest immediately.
>
> The rate of interest on federal student loans is set by Congress. The current rate on federal student loans is 4.45% interest on undergraduate loans and 6% on graduate loans.
>
> *For links to information on federal student loans visit:*
> *www.smartbitchdumbdog.com*

and was unaware that by doing this, he was costing himself both time and money. Sherman did not think about the financial consequences of repeating classes, changing majors, and adding additional semesters to his college years. Not only should he have considered the cost of tuition, room, and board, but also the opportunity cost of delaying his income. He would earn less money over his lifetime and also have less time to save for retirement.

Sherman's parents made enough money that he did not qualify for subsidized student loans. He borrowed the maximum allowed on his unsubsidized student loans to help pay for his car, fraternity dues, and his overall lifestyle. Sherman believed he did not have time for a job. He now had many friends to keep up with in the gaming world and on campus. He also had classes to manage.

Sherman was able to borrow enough money on his student loans to allow him to maintain his social life that included a daily routine of buying premium treats at Star-pugs. While Sherman thought pugs were yappy dogs, he really enjoyed the premium Star-pug treats and pup cups.

Sherman was unaware that interest was accumulating on his outstanding loan balances. He had assumed that, because he did not have to make payments on the loans until six months after graduating, there was no interest accumulating. He was also unaware of the fees associated with each student loan disbursement check. Sherman was borrowing money to maintain his lifestyle and had not given much thought to the burden associated with making payments on the loans after graduation. In fact, Sherman accumulated $140,000 in student loan debt and was unaware that his monthly payments would be $881.94 per month for twenty years! The 4.45 % interest charged on the loan would result in him paying $71,665.60 in interest for a total payback of $211,665.60!

Sherman struggled to figure out what he wanted to do with his life. He simply could not envision a career that would be fun and give him the lifestyle he thought he deserved and would enjoy. Sherman was having a blast in college and was belly deep in the party scene. Sherman was spending money like a fool and living the golden life.

Sherman's parents took advantage of having full-time college students in their home and borrowed money using Parent PLUS loans. One thing they appreciated about the Parent PLUS loans was their ability to use the funds for expenses beyond tuition. While the intent of Parent PLUS loans is to cover living expenses for the college dependent, once the college tuition was paid, the parents were given the excess borrowed to use for expenses they deemed appropriate for the student. In fact, they had used some of the loan money to update their kitchen and to fund extracurricular activi-

INTEREST AND FLEAS!

THE DOG HOUSE

The parent of a dependent student enrolled at least half time in an eligible school may be able to borrow money through Parent PLUS loans. Payments are deferred while the student is in school but interest begins accumulating at the rate of 7% immediately. Fees are charged for each Parent PLUS disbursement of approximately 4.264%

THAT STINKS!

> **NIBBLES AND KIPS!**
>
> Federal student loan interest is calculated using a simple daily interest formula. To calculate the interest amount, multiply the loan balance by the number of days since the last payment. Then multiply by the interest factor. The interest factor is calculated by taking the quoted annual interest rate and dividing by 365.
>
> Student loan fees are usually much higher than expected. Fees are charged on each disbursement of undergraduate federal student loans of approximately 1.066%

ties for their younger pups. With the various ages of their litters, they had a broad range of ages among their dependent pups and they had a college-age dependent for over ten years.

During that decade, they added to their Parent PLUS borrowing as needed to fund their lifestyle and the lifestyle of their puppies. Sherman and his siblings were unaware that their parents had debt. In fact, they assumed money was not an issue for the family because it was never discussed. Sherman's parents weren't really sure how the interest was calculated on the loans or exactly how much they had borrowed. They weren't worried about it because they felt sure that their luck would change and one way or another and it would work out. Little did they know that the $110,000 they had accumulated in Parent PLUS Loans (at 7% interest) would end up taking them twenty years to pay off with payments of $852.83 per month. Over the life of the loan they would pay $94,678.92 in interest.

Sherman's parents had the best of intentions when they borrowed money to ease the financial stress during their pup's college years. They had fallen victim to the prey of lenders, willing to lend money to unknowing dogs. The high level of debt would keep them leashed to a tree for many years.

Sherman had not kept track of how much his student loan

> **REACH FINANCIAL FREEDOM FASTER**
>
> *Reduce your interest expense by decreasing:*
> - ✓ *The amount you borrow.*
> - ✓ *The length of the loan.*
> - ✓ *The interest rate and fees on the loan.*
>
> **DEBT FREE IS THE WAY TO BE!**

debt had grown. He was naive about lenders and honestly believed that the student loan companies would not let him borrow more money than he could comfortably pay back. He tried not to think about the debt and hoped his college education would pay-off with a high salary career.

For many dogs, student loan debt is needed to fund college and there is nothing wrong with utilizing student loans when needed. The trick is being aware of the consequences of the loans and keeping the amount borrowed to a minimum. Approaching career training with a cost-effective structured plan that includes minimizing the number of semesters of attendance, never having to retake classes due to poor performance, and working a part-time job can help reduce student loan debt.

CHAPTER 5

Dog-Eat-Dog World

Health Insurance, Benefits Planning, Bankruptcy, Co-Signing Loans, and Budgets

After college, Bella began the first professional position of her career. She had developed credentials during college that gave her a leg-up on other candidates. She had several years of work experience and a proven record of dependability and work ethic. She started climbing the ladder toward top-dog. Sherman, on the other hand, lacked differentiating credentials that were sought after in the business world. He also had no work experience to prove that he was a hard-working or reliable employee. He had to start at the bottom of the pack to prove his worth.

BELLA

Bella graduated with honors after four years of college and continued on to graduate school. Bella worked part-time through graduate school and lived on a tight budget. She borrowed money during her graduate years, but kept the loans at a minimum.

She was careful not to spend money that she anticipated making and instead, waited until she had the cash in paw. She knew it was a common mistake of young college graduates to overspend in anticipation of "making it big" in their career before it actually happened.

By the time she graduated with her master's, Bella had several job offers. When analyzing the job offers, Bella took considerable notice of the benefits package. While the salary offer

SMART BITCH

was important, health insurance benefits and retirement benefits would have a big impact on her ability to reach her financial goals.

She chose to accept a position with a company that offered a retirement plan and health insurance. While her salary was less than she had hoped for, Bella accepted the fact that she would have to start as an under-dog and paw her way up in the professional world.

Bella studied the health insurance plan offered by the company. She found that the premium, or cost of participating in the plan, would be deducted automatically out of her paycheck.

She also learned the following terms associated with health insurance:

DEDUCTIBLE The dollar amount you must pay up-front before the insurance starts paying.

COINSURANCE After your deductible is paid (or met), this is the percentage of healthcare costs that you continue to pay.

COPAY (COPAYMENT) This is an upfront cost some policies may make you pay when you visit a doctor or get a prescription. This fee is different than the deductible and most plans feature one or the other, but not both.

IN-NETWORK A list of doctors or medical facilities which provide reduced expenses for your insurance.

OUT-OF-NETWORK Doctors and medical facilities that do not participate in the preferred network of providers. You may have some coverage out-of-network but it is likely reduced.

OUT-OF-POCKET MAXIMUM This is an upper limit you will have to pay out-of-pocket before your insurance begins paying 100% of your medical expenses.

Bella's new employer offered a policy with a $225 monthly premium. She would have a $1,000 annual deductible with an out-of-pocket maximum of $5,000 per year. As long as she stayed in-network, her medical coverage was 90% (10% co-insurance) and if she chose a physician out-of-network, her coverage was at 70% (30% co-insurance). Overall, Bella was a healthy dog. She felt confident that as long as her hips stayed healthy, she would probably not meet her deductible this year.

Bella approached her career as she had approached school: with discipline and goals in mind. She was motivated at work and demonstrated her level of commitment by arriving to work early and staying late. She knew that as a new employee, she needed to prove herself and prove her dedication to the career. She respected the more experienced professionals within her company and developed relationships with them that allowed her to learn from their experience. She stayed relevant within the company by constantly learning more about it, the industry, and its competitors. Overall, Bella loved her new job and she made it a point to learn something every day.

> ## CANINE COUNSEL!
>
> What if Bella were to incur a large medical expense that required a week in the doggy hospital?
>
> If her medical bills accumulated to $9,000 for example, she would have to pay the first $1,000 out of pocket.
>
> Then, assuming she was staying at an in-network facility, she would pay 10% (co-insurance) of the remaining bill, or an additional $800.

SHERMAN

Sherman needed four additional semesters beyond the traditional four-year degree to graduate from college with his degree in business management. He blamed this additional time needed for completion on a fling he had with a French poodle. Sherman had lost all control during this fling of puppy love and found himself chasing his tail in an attempt to impress her. Sherman had even co-signed a loan for the poodle so she could have a nice car. In the end, she took the car and left Sherman with the debt. To make matters worse, he found out that she had not had her vaccinations. Sherman spent his last dollar on a trip to the veterinarian. When he approached his gaming friends for financial help, they played dead due to their lack of financial means. In short, they had no bones to share. Sherman went back to his parents with his tail between his legs.

Upon graduation from college, Sherman started a job at

Le caniche français a brisé mon cœur!
Translation: The French poodle broke my heart!

BEWARE OF DOG

Beware of dogs who ask you to co-sign on a loan! If you co-sign a loan, you are responsible for the full amount of the loan!

a retail giant box-chain store. While he started as a sub-woofer, the alpha-dog promised him a position in their management training program after two years of successful employment. Because Sherman was part-time, he did not qualify for employee benefits with the company.

Sherman initially liked his new job and hoped the opportunity would result in a full-time position as top-dog. The optimism and positive feelings toward the job were short lived. Sherman missed several days of work in the first month due to exhaustion as he struggled to forget the French poodle and give up gaming. By the end of the first month, Sherman felt discouraged and that the work was beneath a dog of his pedigree. He believed his college degree was being wasted on stocking the shelves with cat litter and fish food.

Sherman lived in his parent's basement and borrowed from his parents to pay his monthly student loan payment. Sherman was making minimum wage but spending money without thought or guilt. He had acquired a few credit cards and had yet to reach his credit limit. He did not have a budget or a plan for moving ahead in life.

Sherman's parents encouraged him to follow in the paw prints of a "friend" and file for bankruptcy to get rid of his student loan debt. (His parents were unaware that student loan debt is rarely forgiven in bankruptcy and Sherman was unaware that the "friend" was really his own parents.) When Sherman asked his parents about bankruptcy, they were unaware of the impact of

THAT BITES

When a person is unable to pay their debts, they may qualify to file for bankruptcy in the federal court system.

Chapter 7 bankruptcy involves the liquidation of assets to pay a portion of the outstanding debt. In other words, you have to sell some of what you have to pay what you owe. The remaining debt is forgiven.

Chapter 13 bankruptcy involves the restructuring of the debt to allow more time to pay off the debts without incurring additional interest and late fees. In other words, a payment plan is established for paying off your debts.

BaRK! CAUTION

In general, bankruptcy remains on your credit report for 10 years!

bankruptcy on a dog's future. As a matter of fact, they were unaware that there were two forms of individual bankruptcy (Chapter 7 and Chapter 13).

They had recently heard rumors that a dog may have to wait several years before filing for bankruptcy for a second time. They decided to cross their paws and hope that their bankruptcy agreement was different because the last thing they wanted was for their family and neighbors to find out about their secret bankruptcy. Their credit cards were maxed out again, and they were worried about paying bills and buying kibbles for their bits.

Overall, Sherman felt that it was a dog-eat-dog world out there. He could not catch a break, and in fact, he felt like he was being neutered over and over again. He really wanted to roll over and play dead, but didn't think anyone would notice. As he watched his littermate, Bella, from afar, he couldn't help but think that she was a lucky bitch. He was not yet able to recognize the fact that her "luck" was a result of discipline and hard work.

The years directly following college were not what either dog expected. Bella found that even though she had a master's degree in her field, there was a lot more to learn. Sherman felt sick-as-a-dog when he discovered that having a generalist college degree with no work experience meant little in terms of entry-level job placement. Sherman also found that co-signing loans and French poodles are both high risk propositions.

CHAPTER 6

Top Dog or Sub-Woofer?

Credit Scores, Retirement Savings, Investing, Stocks, Bonds, Index Funds, Mutual Funds, Debt Management, and Credit Cards

Bella and Sherman were now belly deep in adult life. Adult life included retirement planning and smart financial decisions for Bella. Her professional salary allowed her to make many smart financial choices that would have a positive impact on the rest of her life. Sherman continued to struggle as he did not have the financial education to join other dogs his age as they moved out on their own and began independent lives. He was dog paddling against a strong current.

BELLA

As Bella continued with her professional career, she stayed focused on making smart financial decision. She recalled many lessons from her personal finance class.

Bella had moved to a modest apartment in a nice area of town. She was careful to follow a budget and to spend less money than she made each month. She monitored each category of her budget and made adjustments when necessary. Bella knew that spending less money each month than she earned was at the foundation of reaching her goal of financial freedom.

PAW-PULAR BUDGET GUIDELINES

10%	**Savings/Investments**	(Pay yourself FIRST every month! Then, put all budget surpluses here!)
32%	**Housing**	(mortgage, taxes, rent, insurance)
15%	**Transportation and Auto**	(payment loan, insurance, gas, maintenance, parking)
15%	**Food**	
5%	**Utilities**	(cell phone, cable, internet, water, gas, electric, trash)
5%	**Other debt payments**	(If no other debt payments, put the money in savings!)
5%	**Health Insurance**	
5%	**Medical/Dental Expenses**	
5%	**Personal and Discretionary Spending**	(take all deficits out of discretionary spending)
3%	**Clothing**	

THROW ME A BONE!

A credit report is a detailed statement of your credit history. It includes information on the amount of debt you have outstanding, your available credit, and payment history.

For more information on credit reports and for a link to view a sample credit report, visit www.smartbitchdumbdog.com

OBEDIENCE SCHOOL!

Credit scores range from 300 to 850. HIGHER is better. A score above 700 is considered good.

A score of 740 or above is considered excellent.
HOT DIGGITY DOG!

TIGHT LEASH
- ✓ SPEND LESS THAN YOU MAKE
- ✓ PAY CREDIT CARDS OFF EVERY MONTH
- ✓ PREPARE AND FOLLOW A BUDGET

Bella paid off her small student loan balance in only a few years, and while she had a credit card, she paid the balance off each month. Bella checked her credit report every year by visiting annualcreditreport.com. She knew that she was entitled to her free credit report each year from the three credit report providers: Experian, Equifax and TransUnion.

Bella strived to maintain a credit score greater than 740 because she knew that potential lenders, employers, insurance providers, and landlords could review her credit score and would establish an opinion on her reliability and dependability based in part on her credit score. She knew that poor marks on a credit report would follow her wherever she lived and would be visible for many years to come. Bella would eventually buy her own home, and she wanted to have an excellent credit score on the day she applied for the loan so she would be able to get the best loan terms available, including lower interest rates.

Bella had been introduced to the concept of not trading hours for dollars several times in her life. In college, many of her fellow classmates had talked about "side hustles" they were working to increase cash flow. The idea with a "side hustle" is to pick up a source of income in addition to your full-time employment. Once set-up and successful, this additional revenue source earns money without your paws involved in the action every minute of the day.

Bella understood if she only worked for an hourly wage her whole life without other means of growing wealth, she would struggle to gain financial independence because of the limited number of hours per day. To expedite wealth accumulation, it is necessary to have multiple sources of income that can be earned simultaneously. Not trading hours for dollars can be accomplished in several ways including starting your own side business or investing. At this stage in Bella's life, almost all of her time and energy was focused on building her career. And while she hoped to someday start her own business, for now she would use investing as her side hustle. Bella had learned in her personal finance class that investing is an excellent way to earn money while you work or even while you sleep.

The goal for Bella was to invest money at an early age so the money could go to work for her. In other words, by investing early, the investment would have more time to grow. Investing at a young age also allowed her to be more aggressive because in the event of a down-turn in the market or the economy, she could wait until the market recovered before removing her money from the investment. She understood that it was important to take a long term approach to investing. While savings are funds set aside to meet the need of short term purchases, investments should be invested long-term so they can increase in value over time.

Bella set investment goals and put money out of each paycheck first in her retirement account and then in an index fund through automatic withdrawal from her paychecks. By setting-up her investments as automatic withdrawals, she was less tempted to spend the money that she knew she should invest in her future.

In terms of retirement investing, Bella chose to contribute to her employer's 401(k) plan up to the amount matched by the company. Her new employer matched retirement savings up to $5,000 per year. In other words, for every dollar that Bella contributed to her company 401(k) plan, the employer also deposited a dollar, up to $5,000. This is free money!

FREE MONEY!

QUIT CHASING YOUR TAIL

Some companies offer a "company match" toward retirement. They may offer up to a percentage of your income or they may match dollar-for-dollar what you invest in your retirement.

It is called a "match" because you have to deposit money in your own retirement and then they match your contribution based on company policies. Not all companies offer a company match.

Let me get this straight... A dog buries one bone and it immediately becomes two bones?
BOW WOW

Bella's employer offered both a traditional 401(k) plan and a "Roth" 401(k) plan. Bella chose the Roth plan. She knew that by investing in the Roth plan, she would give up the immediate tax-deferment benefit but she would have more flexibility with her money, and upon retirement, she would not have to pay taxes on her withdrawals of principal or earnings. Bella contributed only $5,000 per year to her 401(k) account even though the IRS allowed up to $18,500 per year (in 2018). She made this decision knowing she wanted to take full advantages of the "free match" offered by her employer but that she also had other financial goals she wanted to reach in the short and intermediate term.

> ## TIME BARKS ON Woof
>
> A "Roth" retirement plan means you pay taxes on the retirement savings before you deposit it in the qualified retirement account. (Deposits are made after-tax.)
>
> When you retire and withdraw the savings, you do not have to pay taxes on the withdraw amount. One advantage to Roth accounts is the money earned on the investment over time is never taxed. Roth accounts are also more flexible concerning qualified withdrawals prior to retirement age.
>
> Individual Retirement Accounts (IRA's) and some 401(k) plans offer the "Roth" option.

Once money is deposited in a qualified retirement account (401(k), 403(b), IRA, etc.), the employee must determine how the money is invested. This is often termed "asset allocation" or "allocating funds."

Most employers offer a comprehensive list of investment options for employees. While this can be confusing for the inexperienced dogs, it is important not to let the de-tails get in the way of participating. The first step is understanding the difference between stock (equity) and bonds (debt).

> Dividends are excess earning that a corporation pays out to stockholders. Companies are not required to pay dividends.

Bella learned in her personal finance class that stock is a piece of ownership in a company. Stocks are often referred to as equity securities. When you purchase stock, you become part owner in the company and with that ownership, there comes risk. While stockholders are not liable for the activities of the business, they risk losing their money if the value of the stock decreases. However, there is also the opportunity to make money if the company prospers and the price of the stock increases. Some investors also make money when the stock they own pays dividends. For the novice investor, choosing individual stocks is risky and, therefore, "funds" are recommended. A "fund" is a collection or group of securities.

There are a few rule-of-paw's that can be used to simplify the process of asset allocation. First, if you are just starting out in your career and have little invested, set an "asset allocation" using a simple formula. Take one hundred and subtract your age. The result is the percentage of your investment portfolio that should be invested in "equity securities." This is a fairly low risk approach to retirement investment. Equity securities are stock market investments. If you are uneducated in stocks or do not want to actively research and monitor individual stocks, reduce your risk by investing in "funds" or collections of securities. Choose several different funds to spread-out your "equity security" portion. For the remaining portion of your retirement account, choose several "fixed-income" funds like bond funds. By spreading investment dollars over multiple funds, you further diversify your portfolio. Some employers offer "balanced funds" that are de-

> **FETCH!**
>
> A debt security is a form of borrowing by a corporation or government. A bond, for example, is a debt security. Debt securities are usually safer than equity (stock) securities and therefore offer a lower return. In bankruptcy, a company pays back debt before equity holders (stock holders) get paid.

signed to spread your investment between stocks and bonds. This type of fund does the asset allocation for you.

Bella's personal finance class taught her to use index funds or mutual funds for low cost, diversified investments. A mutual fund is a pool of money that is managed by a professional investor based on the objective of the fund. The fund manager attempts to beat the market return through superior asset picks. The objective, or purpose, of the fund is clearly identified before you invest your money in the mutual fund. There are many advantages to using mutual funds and index funds including increased diversification and decrease transaction costs for investors. Index funds are similar to mutual funds except an index fund is not actively managed. Instead, the index fund "mirrors" a chosen index by trying to replicate the activity of the index. (For example, the S&P 500 or the Russell 2000.) This results in lower transaction costs than mutual funds but little chance of ever beating the market. Both mutual funds and index funds are good choices for beginning investors, but some experts argue that the index fund is superior because of lower transaction costs. In fact, research shows that index funds often outperform managed funds.[vii]

Some employers offer a very simple alternative for the inexperienced investor called a "life-cycle fund." A life-cycle fund is a fund managed by a professional with an investment objective associated with your anticipated or targeted retirement year. As

---

GRRRRRROWL

In the five years ending December 29, 2017, 84.23% of managed large-cap mutual funds UNDERPERFORMED the S&P 500 index.[vii]

In general, index funds performed better than mutual funds.

you get closer to retirement, the fund adjusts to become less risky. For dogs feeling intimidated by the loud bark associated with trying to sift through too many options, a life-cycle fund is a viable choice. In general, they are an easy alternative with a moderate return for their moderate cost. For dogs not intimidated by making decision regarding where to allocate funds, there may be more bones to earn.

  Bella understood that there is a risk-return trade-off when trying to determine where to invest your money. The more risk, the higher the potential return. If a dog wants no risk at all, he can put his money in an FDIC insured bank. Unfortunately, the rate of inflation (increasing prices) is higher than the interest earned on bank deposits so the dog loses purchasing power each year. In other words, a bank savings account is a great place for short term savings but is not a good place to invest money for wealth accumulation.

  Bella knew it was important to reallocate her investments as she aged. Every few years, she would refer back to the old rule of taking one hundred minus her age to determine the appropriate percentage of her investment portfolio that should be invested in equity (stock market) mutual funds. Because the stock market is riskier than debt securities, Bella knew that as she aged, the percentage of her portfolio allocated toward equity would need to decrease. She was taking a long-term buy-and-hold strategy on her investments, and she maintained focus and discipline to reach her goal.

Bella was careful to consider diversification of her investments. Diversification is the concept of not putting all of your eggs in one basket. Or from a dog's perspective, not burying all your bones in one back yard. When you diversify, you spread your money out so if the value of a few investments decrease, you won't lose all of your money at one time. Funds help you diversify your money: life-cycle funds, balanced funds, index funds, mutual funds, and bond funds.

Bella learned in her personal finance class that it is important to begin investing for retirement at a young age. She knew that she would likely have several different employers during her career, and she would be able to take her retirement contributions with her using a "qualified rollover" plan.

The Federal Deposit Insurance Corporation (FDIC) insures the deposits of member banks up to $250,000 per depositor.

For detailed information on FDIC insurance coverage visit the FDIC website: www.fdic.gov.

To calculate FDIC insurance coverage, go to: www.fdic.gov/edie.

Bella felt pride in knowing that she was in control of her finances. While the temptation of spending was always nearby, Bella was able to overcome the temptation and maintain the status of a smart bitch!

ROLLOVER ROVER!

If you change employers, use a "qualified rollover plan" to move your retirement funds to your new employer! If you fail to use a "qualified rollover" you will pay the income tax owed plus a 10% penalty!

For more information on rolling over your retirement, visit:
www.smartbitchdumbdog.com

FURRY FACT

The money you invest in your retirement account is 100% yours. However, you have to be "fully vested" to take your employers match contribution with you when you change employers. Vesting is based on time with the company and the company defines the vesting period. Many companies use three or five years as their vesting period, depending on the type of account.

Bella picked up many golden commands for wealth accumulation in her personal finance class. They included:

STAY!
Stay focused and disciplined toward financial freedom.

SIT!
Sit on your investments long-term.

ROLLOVER!
Always rollover your retirement accounts when changing jobs.

SPEAK!
Speak-up when you don't understand something or think you are getting ripped off.

GOLDEN COMMANDS FOR WEALTH

PLAY DEAD!
Play dead when a friend tries to rope you into a network marketing or pyramid scheme.

SHAKE!
Shake off the idea of getting rich quick. Financial freedom comes with focus, hard-work, and discipline. Anything too good to be true, probably is.

ATTACK!
Attack your debt balances and get them paid off.

WAIT!
Wait to make purchases until you have the funds necessary to pay cash. Practice delayed gratification.

FETCH!
Financial Excellence Takes Continuous Hard-work

SHERMAN

Sherman worked in retail part-time for several years. He remained in a sub-woofer position as his lack of motivation and discipline did not warrant a promotion. He lived at home and while he attempted to make monthly payments on his student loans, he racked up $30,000 in credit card debt.

POOR PUPPY!

If Sherman pays $450 a month on his $30,000 credit card balance, it will take him 178 months (almost 15 years) to pay his balance off! This assumes he is able to get the average credit card rate of 16.41%

WHY? *Because each month he is barely paying the interest due on the loan!*

Sherman lived paycheck-to-paycheck and struggled to find discretionary income. He made poor purchase decisions around every corner, and he blew each paycheck as soon as he got it because of his entitlement mentality. Sherman spent a great deal of time sniffing around for a way to make easy money. He bought in to a few get-rich-quick network marketing scams but soon found that he spent more money getting started than he could make in a dog year. He also found that many of his friends were in the same financial position and could not purchase the products he was trying to sell through the marketing pyramid. This left

According to creditcard.com, the average credit card interest rate was 16.41% as of February 15, 2018. [viii]

him upside down in the business, and he felt more like a failure than ever before.

> Discretionary income is money left over after paying monthly necessities.

He knew he was broke but often times rationalized purchases by commenting that he worked, so he deserved it. As a pup, Sherman had always owned the newest electronics and games and it made him proud to show off his ability to have nice things. Sherman drove a new car but had to finance it over seven years at a high interest rate of because his credit score was poor. Sherman did not understand credit scores or finance and he had no interest in trying to figure it out.

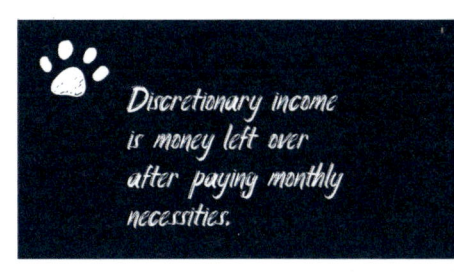

He hated numbers, and he knew plenty of dogs who got by without knowledge in finance. Granted, they were all "dumb dogs," but at least they enjoyed life day-by-day.

From time-to-time, Sherman went to the local cash ad-

SPENDING BECAME EMOTIONAL FOR SHERMAN.

> ### 🦴 THROW ME A BONE!
>
> There are five factors that are used to determine your credit score:
>
> - 35% is based on your payment history.
> - 30% is based the amount you owe.
> - 15% is based on the length of your credit history.
> - 10% is based on the mix of your credit.
> - 10% of your score is based on new credit.

vance loan company to get cash advances on his next paycheck. Title loans were also part of Sherman's monthly routine. Sherman did not realize that this type of company was commonly referred to as a predatory lender. Unfortunately, predatory lenders often take advantage of consumers who do not understand the consequences of high interest rates and fees. These consumers usually have a low credit score and cannot borrow from a bank, so they fall victim to finance companies offering loans at interest rates

---

BEWARE OF ~~DOG~~ *Predatory Lenders*!

If you borrow $10,000 for five years at 5% interest, your monthly payments will be $188.71 and you will pay a total of $1,322.60 in interest.

If your credit is poor and you have to borrow from a predatory lender, you may be charged a rate of 25%. This would raise your monthly payment to $293.51 and the total interest paid would increase to $7,610.60. (An increase of $6,288 in fees because of poor credit!)

🦴 RUFF

DOGGIE TREAT!

An individual retirement account (IRA) is a retirement instrument that is either tax-deferred (traditional IRA) or offers tax-free growth (Roth).

With the Roth IRA, you pay income tax on the earned income before you contribute it to your IRA. Then when you withdraw the money, you do not owe taxes on the amount you contributed or on the earnings.

For links to information on IRS sponsored IRA plans visit:
www.smartbitchdumbdog.com

TREAT TIME!

In 2018, the maximum annual contribution to an IRA is $5,500 unless you are age 50 or older, in which case you can contribute up to $6,500. To qualify for an IRA, you must have earned income. There are income limitations on qualifying for a Roth IRA.

> 401(k) and 403(b) plans are offered by employers. IRA plans are available to anyone with earned income.

determined by the risk associated with the borrower. Predatory lenders charge excessively high interest rates or fees and are as crooked as a dog's hind leg!

Sherman's part-time work status prevented him from investing in the company retirement program, and even if he had the cash flow, he would not consider investing in an Individual Retirement Account (IRA.) Sherman had no idea of the tax advantages associated with IRA's or 401(k)'s. He did not understand retirement accounts, investment accounts, mutual funds, compound interest, or any other crazy-as-a-cat finance term.

Sherman had watched his parents get by financially for many years. They always seemed to have money to buy toys, bones and whatever the family wanted. They did not seem to need to distinguish between wants and needs because they could afford it all. Sherman's parents had dug a very deep financial hole and Sherman was completely unaware.

Sherman hated the feeling of defeat he felt when considering money. His life was less than golden, and while he wanted something different, he had no idea where to start when it came to money. He longed for the lifestyle he had been given as a puppy. Unfortunately, it had been a façade. And the worst part was that Sherman had not been taught financial basics to live by at each stage of life. His lack of understanding of financial basics had caused Sherman to avoid the topic of money management altogether.

Little did Sherman know, his life would turn around in a few years and he would become financially literate. While he wasn't ready yet, soon he would want to make the changes necessary to find the peace of financial freedom.

Bella and Sherman were at very different stages of adulthood. Their financial well-being had a big impact on their confidence and overall happiness. Bella had the financial means to establish a basis for her future. Sherman had not been as fortunate, and in fact, he was financially broke. He continued to ignore the importance of learning financial basics. Overall, Sherman was a "dumb dog" when it came to finance. Instead of controlling his money, his money was controlling him. In other words, the tail was wagging the dog.

WANT TO BE A MILLIONAIRE BY AGE 60?

Invest $263.50 every month from age 25 to age 60. Assuming you earn a 10% return on your investment, you will make it!

RICH BITCH!

If you start at age 20, you only need to deposit $158.15 per month. If you wait until age 30, you need to deposit $442.40 per month. And age 40, $1,317 per month.

START INVESTING TODAY!!!

CHAPTER 7

Time Barks On

Life Insurance and Delayed Gratification

As Bella and Sherman continued the trot down the path of adulthood, Sherman could not reconcile in his mind the need to change his behaviors if he wanted a different outcome. Unfortunately for Sherman, his parents had not served as strong financial role models. They had done their best, but they did not understand finance and did not have the skills necessary to teach their pups money management. While Sherman could find other role models or educate himself on financial principals, he chose not to. He was not yet ready to make the sacrifices necessary to find financial freedom.

BELLA

By age 30, Bella was married with a litter of pups on the way. She could not wait to raise strong, independent, and disciplined pups. Bella felt confident that her many years of multi-tasking and managing her time effectively would allow her to successfully maintain her career while parenting.

Bella knew the importance of protecting her assets with insurance. Bella had purchased a term life insurance policy that would assure her pups could maintain their lifestyle in the event of her untimely death. After all, there are cars everywhere, and while cats are privileged with nine lives, a dog only has one!

Bella knew that in the area of insurance, more was not necessarily better. A dog could become "insurance poor" if she purchased every policy presented to her. Rather, Bella stayed fo-

THROW ME A BONE!

Two common types of life insurance are term and whole life.

Term policies are considered temporary because they are for a specific time period. Term policies do not gain cash value and you cannot borrow against the policy. While term policies are less expensive, there is always the risk that you may not be allowed to renew the policy in the future.

Whole life is permanent insurance because it lasts for your entire life. With many whole life policies, you can borrow against the policy and the policy may gain cash value over time. Whole life policies are locked in and you do not have to worry about eligibility for renewal.

cused on the purpose of life insurance which was not to make her puppies rich in the event of her death, but to allow them to maintain their lifestyle.

Bella was committed to reaching financial freedom. While she had to adjust her budget at various stages of life, she knew that spending less money than she made at every stage of life would result an easier path toward financial freedom. There were many temptations and challenges along the way, but she was able to continue making sound financial decisions.

As Bella reflected back on her life as a pup, she realized that while her mom probably could have bought her expensive bones, toys and video games, she chose not to. This taught Bella a valuable lesson in life. She learned to work for what she wanted,

A DOG-GONE FACT

Which type of life insurance should you purchase?

It depends on the purpose of the insurance. Remember, the goal of life insurance is to protect your loved ones against financial distress in the event of your untimely death. Under the correct circumstances, permanent life insurance may help to round-out an investment portfolio due to the tax benefits.

THE DOG HOUSE

Beware of high pressure life insurance sales dogs. Remember, sales dogs have incentive to sell you insurance you don't need because they earn sales commission on the policy.

DELAYED GRATIFICATION

which allowed her to understand the feeling of accomplishment that comes with working toward a goal and reaching it. Over the years, she had met many friends who were not lucky enough to learn financial management skills at every stage of life. This made their life more stressful and harder to manage.

    Delayed gratification was a term she had often heard her mom use, but only now could she fully grasp the concept. By not being given everything you want at a young age, you learn to appreciate what you have at a later age. By not spending money now, the money will grow through compound interest and allow you to purchase more in the future. While Bella had often longed for more material things in her life, she now understood that having sound finances, including no debt and a steady income, would result in a more peaceful existence.

SHERMAN

By age 30, Sherman was working part-time in retail and had not moved up within the company. He hated working nights and weekends, but at least it allowed him to sleep until noon most days. Overall, Sherman was not happy with is job. He had considered that he may need to go back to college for specific career training that would give him an edge over the other dogs. His parents were driving him crazy, and he longed to find a way to earn enough money to move out of their house. His parents had many more litters of pups, and there were dumb, spoiled rotten puppies running around everywhere. The pups were poorly behaved and exhibited no discipline.

~~HOT DOG~~ *Corn Dog*

Sherman had continued down the path of spending more money than he made. His debt was accumulating and his checking account was bone-dry. His parents were allowing him to live at home but were no longer giving him kibbles or bits. He made enough money to party and buy new electronics but had not been able to save. He was still having some fun, but noticing that many dogs his age were moving on in life. Their careers were looking bright, and they were acting like adult dogs. Sherman knew it was time for a career rather than just a job. He wanted to feel proud of his accomplishments and to make a difference in the world, but he wasn't sure he was ready to make the sacrifices necessary for this level of change.

Over the past decade, bad luck had followed Sherman, and at one point, he had even become a stray dog. He ended up spending several weeks at the local animal shelter before he finally found his way back home. While Sherman really wanted more out of life, he often allowed himself to fall in the trap of feeling like a victim. Other pups, like Bella, always seemed to get the breaks in life while nothing went right for Sherman.

Sherman began thinking more and more about what it would take to turn his life around. He wanted to feel proud of his accomplishments. He wanted to feel relieved of the stress of never having enough money to pay his bills. Deep down, he knew that he would have to change his behaviors if he wanted to change his financial situation.

CHAPTER 8

Show Dog

28/36 Rule, 5 C's of Credit, Mortgage Loans, PMI, 529's, Escrow, Emergency Funds, and Budgeting

Bella and Sherman were now middle-aged dogs. Bella had her life in order and could see the finish line in the horizon while Sherman was a little late to the dog races. He was mentally preparing to make changes in his life that would allow him to begin the journey down the path toward financial freedom.

BELLA

By age 40, Bella was at the peak of her career with a family and a home of her own. A few year's prior, Bella had purchased a nice, yet conservative home and financed the purchase with a 15-year mortgage. Bella used the 28/36 rule to determine the monthly payment she could afford. The 28/36 rule looks at the amount of monthly income (before taxes) that is available for debt payments. The rule stands that a household should not pay more than 28% of their monthly income toward a home (including principal and interest, property taxes, and insurance). And the household should not have overall debt payments (including credit card payments, student loan payments, car payments, and mortgage payments) of more than 36% of their monthly income. Bella recalled that her personal finance professor had insisted that while banks use the 28/36 rule, this should be considered the absolute high-end of borrowing. The more comfortable a dog wants to live and the sooner the dog wants to gain financial freedom, the less money the dog should borrow.

Interestingly, the experience of buying a home had been very similar to what she had been taught in her personal finance class. Both the realtor and the banker had encouraged Bella to buy a more expensive home and to finance the home over thirty years. They were surprised with Bella when she explained to them the financial consequences of borrowing more money for a longer term on a mortgage. The dramatic increase in interest charged over the life of a 30-year mortgage would keep even the smartest dog broke. With a 15-year mortgage, Bella would have the house paid off in her 50's, which would free-up much needed cash as her puppies attend college, not to mention the interest charges she would save.

Bella researched the economy before deciding on the type of loan she preferred. She knew that in a low interest rate environment, she was better off with a fixed-rate mortgage because it would "lock-in" the interest rate over the life of the loan and prevent the monthly payments from increasing if interest rates went up. During high interest rates, an adjustable rate mortgage (ARM) would be preferred in hopes that the interest rate would go down

THAT DOG IS BROKE.

If you borrow $200,000 for 15 years at 4.5% interest, your monthly payments will be $1,529.99 and you will pay a total of $75,397 in interest.

If instead you borrow for 30 years, the interest rate will go up to approximately 5.3% and your payments will go down to $1,110.61.

Unfortunately, with the 30-year mortgage you will pay $199,820 in interest.

That's $122,423 more in interest!

The Five C's of Credit

Banks use the 28/36 Rule and the 5 C's of Credit to determine your eligibility for a loan.

CHARACTER What evidence can be found of honesty and reliability where money is concerned?

CAPACITY Do you have the ability to make the proposed loan payments based on your income and other debt obligations?

CAPITAL What savings and assets are available in the event you lose your income? Do you have savings or investments?

COLLATERAL What physical assets can be pledged as security on the loan?

CONDITIONS Is the economy strong? Is your job outlook positive in respect to the economy?

Start saving *TODAY* for your future down payment!

AVOID the unnecessary expense of PMI

during the life of the loan resulting in lower monthly payments. Adjustable rate mortgages (ARM's) are made under a variety of terms. For example, a 3/3 ARM, has a fixed interest rate for the first three years and then the interest rate on the loan adjusts every three years. A 5/1 ARM has a fixed rate for the first five years and then adjusts annually over the rest of the loan. Most ARM's have "caps" preventing the interest rate on the loan from changing too much with any given adjustment.

Bella had saved for a down payment on the home before making the purchase. She knew that most banks required a 20% down payment when buying a home. For example, if she wanted to purchase a $200,000 home, she would need $40,000 ($200,000 X .20) as a down payment. This would make her eligible for a $160,000 loan (purchase price minus the down payment amount or $200,000 – $40,000).

She knew that dogs who did not have a 20% down payment at the time of purchase were required by the bank to purchase private mortgage insurance (PMI), which was expensive. PMI is an insurance policy required by banks to guarantee that you will make your monthly payments on a mortgage. It is a cost to the borrower that is added to the monthly loan payment amount. In fact, she had heard that the cost of PMI was between .8% and 1% of the loan amount each year. In other words, by not having an adequate down payment at the time of purchase, the buyer of a $200,000 house may have to pay an additional $130 per

> ### SERVICE DOGS ONLY!
>
> A smart, sophisticated, and disciplined financier-of-a-dog, like a service dog, may find justifiable reasons to finance a mortgage over 30 years.
>
> For example, when interest rates are relatively flat, the financier may choose the lower monthly payment on the 30-year mortgage as a means to free-up cash for investing.
>
> It should also be noted that for the sophisticated financier, there may be circumstances when a variable rate mortgage may be preferred in low interest rate environments.
>
> For example, if you do not plan to keep the mortgage for a long period of time, the variable rate mortgage may offer a lower initial interest rate and lower payments in the short term.

month in PMI insurance up until the time of having 20% equity, or ownership, in the home. Bella was fortunate that she had saved money for a down payment prior to purchasing a home and, therefore, was not required to purchase PMI.

    The realtor and banker were also impressed with Bella's knowledge of budgeting needed for home ownership. She explained to them that when owning a home, a smart dog budgets 40% above their monthly mortgage payment for property taxes, property insurance, and repairs. The amount of property taxes is based on the value of the home (assessed value) and the tax rate of the city and state where the house is located.

On the day that Bella took out her home loan, she set up an escrow account offered by the bank. An escrow account helps a dog budget for annual property taxes and insurance by collecting a set dollar amount each month in anticipation of the expenses. Then the bank pays the property taxes and homeowners insurance out of the escrow account on behalf of the homeowner as they come due. Some banks require borrowers to have an escrow account so there is no problem or question when it comes to paying property taxes and insurance on time. The down side to an escrow account is that banks typically do not pay interest on escrow accounts. So while convenient and sometimes required, you lose some interest income.

In addition to paying off her consumer and credit card debt, Bella had established an emergency fund consisting of three months of her living expenses. She knew from her personal finance class that financial experts suggest a range between three and six months of living expenses, depending on the individual circumstances. She put the emergency fund in an interest bearing account that she could easily access in case of unplanned expenses. As all dogs know, a rainy day requires shelter, and an emergency fund of three months of expenses is a nice shelter.

BAD DOGGIES!!

According to a June, 2017, report by CNBC, approximately 57 million Americans report having no emergency savings. [ix]

BURY A BONE FOR YOUR PUPS!

A 529 college savings plan is designed to provide tax incentives to save money for college education and related expenses. The contributions toward a 529 plan are tax exempt at the federal level and often at the state level as well.

Bella had accumulated a nice pile of bones in her 401(k) and had her expenses under control. Her puppies were growing quickly and she knew very soon they would enter adulthood. As Bella thought about the future of her puppies, she started 529 accounts for each pup so they would have a jump-start on their own career training after high school. Her goal was to help them make good financial choices toward career training and the accumulation of student loan debt.

Over the years, Bella had minimized the use of debt whenever possible. She saved money before buying things so she could circumvent the interest and fees associated with loans. This remained true with

ATTENTION WEINER DOGS!

For the more sophisticated financier, there may be a justified reason to borrow money toward the purchase of a car in a low interest rate environment. If a smart dog borrows money for a car, that may free-up cash that can be invested. The invested money may earn a rate of return higher than what the dog is paying on the borrowed funds.

For example

If the dog borrows money for a car at 5% interest while earning 8% return on investments, he may come out a weiner! (winner)

WEINER DOG! *good boy*

---

the purchase of cars. She had borrowed money for her car while early in her career, but once the car was paid off, she drove the car for many years. She appreciated the many years of not having a car payment, and the subsequent increase in discretionary income. Bella understood that cars were necessities instead of investments. Investments are intended to increase in value over time, and cars depreciate in value over time. Because of her continued practice of delayed gratification, Bella now owned a very nice car, and she was able to make the purchase with cash rather than through debt. Except for her mortgage, Bella was debt free. Once again, Bella was a smart bitch!

SHERMAN

By age 40, Sherman was beginning to mature and want more in life. He became aware of his parent's poor financial situation when their house was repossessed by the bank. This forced Sherman to get a second job and find a new place to live.

Sherman was very upset by his family's financial situation and he did not want to follow in his parent's paw prints. The stress and turmoil caused by lack of financial means was hard on the entire family. His parents had done their best to raise independent pups, but their lack of understanding of finance had made this an uphill battle. Sherman wasn't sure how to change the habits he had witnessed as a puppy and lived as a young adult dog. He realized it can be hard to teach an old dog new tricks.

Sherman had been unable to accumulate assets during the first 40 years of his life. The only thing other than old bones and a stuffed bunny Sherman had been able to accumulate was debt: student loan debt, car loan debt, boat loan debt, and credit card debt. Sherman had spent every penny and more living on impulse and trying to make friends and impress others. Sherman was

A BONE TO CHEW

An asset is something you own. A liability (or debt) is something you owe. Your net worth is calculated by subtracting your liabilities from your assets.

tired of living paycheck-to-paycheck. He had survived but had not thrived. He knew it was time to break the cycle of financial illiteracy.

As a first step, Sherman decided to become educated on personal finance basics. He participated in a personal finance seminar at the local community college, which encouraged him to start taking puppy steps toward financial freedom. The seminar was led by a smart guide dog that was happy to help participants make good financial decisions. Sherman was relieved to find out that it is never too late to start making the right financial choices.

The first recommendation for Sherman was to track thirty days of his spending. This would allow him to identify where his money goes each month and to distinguish between needs and wants when it comes to spending. This was the first time in Sherman's life that he had forced himself to distinguish between needs and wants. For many years, he had felt entitled to make purchases. He had used emotion to determine what he would buy rather than common sense. It was now time to start evaluating and prioritizing his spending. Smart dogs know that at the very foundation of money management is the concept of consistently spending less money than you make. Dogs are not entitled to make purchases without the bones to back it up.

Next, the guide dog helped Sherman develop a budget based on his needs. Emphasis was placed on developing a tight budget that would pay off Sherman's high interest credit cards as soon as possible. The guide dog emphasized the importance of

GOOD BOY, SHERMAN!

YOU CAN DO IT!

paying off debts in order to free-up cash. The guide dog encouraged Sherman to visualize a life without the stress of debt hanging over his head. Sherman had been in debt for so long that it was hard to imagine not worrying about making credit card payments or paying his student loans. For many years, Sherman had rotated which utility bills he could pay each month. Only now did he understand that smart dogs do not live under this cloud of stress.

Sherman found that he had a real problem with impulse spending. The guide dog worked with Sherman to deter his impulse spending. For example, from now on, Sherman would follow his budget and would have only a predetermined, small amount available for non-budgeted expenses. The guide dog recommended that for a short time, Sherman make purchases in cash instead of on a credit or debit card. The process of feeling cash leave his paws would help Sherman better comprehend the amount of money he was spending on each purchase. Furthermore, Sherman needed to get out of debt. Before thinking about saving money or investing for his retirement, Sherman needed to pay off the high interest loans and credit card debt he had accumulated over time.

Overall, Sherman had to make changes in order to balance his budget. He either had to spend less money or make more money. Sherman decided to do both simultaneously. He faithfully followed his new budget, and he maintained a second job to help increase his income. Sherman decided to allocate the entire income from his second job toward paying down his credit card debt. He had taken a slow and leisurely path toward most goals in life, but this time, he wanted to run like a greyhound down the path toward financial freedom.

Bella and Sherman were both on the path to financial freedom. Bella had taken an easier path which allowed her to continue in leisure. Sherman had waited until later in life to start down the path, so he would have to run full-speed-ahead to catch up to his littermate, Bella. Sherman was full of so much energy and excitement, that the full-on run toward the goal was the only thing on his mind. He was going to learn everything he could about managing his money and the tail would no longer wag the dog.

CHAPTER 9

Dog Paddle

Retirement, Social Security, Medicare, and Reverse Mortgages

Bella and Sherman were in different places on the path toward financial freedom, but both dogs had dreams of a place with juicy bones, smelly fire-hydrants, and squirrels to chase.

BELLA

By age 50, Bella could see retirement in the horizon. She loved her job and planned to work a while longer, but she appreciated the fact that she had options. She had worked for her money, and now, her money was working for her. She had invested wisely at a young age, and now, she was making more money on her investments than at her place of employment. Bella had used investing to accumulate wealth. Investing had allowed her to do more than trade hours for dollars as she worked toward financial freedom. She had also kept her spending under control and minimized debt over time. Delayed gratification had resulted in the peace and calm of knowing that she had the financial means to retire with the lifestyle she wanted.

Bella had accelerated her mortgage loan payments and paid her mortgage loan off a few years early. She was debt free, and she no longer had to trade hours for dollars unless she chose to. Bella appreciated not having to worry about how to pay her bills or how many more years she had to keep working.

A DOG BED FOR FIDO

Characteristics of a reverse mortgage include:

- A bank makes payments to the home-owner based on the equity the homeowner has in the home.
- The homeowner remains the owner of the home.
- The homeowner can live in the home for as long as they choose.
- This is a loan against the equity in the home and is paid back when the homeowner moves permanently out of the house.
- If the loan balance is greater than the value of the home when the loan comes due, the borrower or the heirs are not responsible for repaying beyond the value of the home. There is no risk of paying out-of-pocket to satisfy the loan.
- The amount of the cash payments is based on several factors including the value of the home, the market interest rate, and the age of the youngest spouse living in the home.
- The homeowner retains all rights to the home and can sell the home, refinance, or leave the home to their heirs.

Bella's puppies were raised in a disciplined and focused household with age appropriate financial concepts. Bella knew that her fur-ever mom had given her the foundation necessary to become successful in life, and she wanted to give her puppies the same advantage.

Bella's mother enjoyed retirement for many years. After age 62, she used a reverse mortgage to help fund her lifestyle. A reverse mortgage uses the ownership (or equity) in a dog's home to provide a steady stream of cash flow as a means to supplement retirement income.

Bella's mom received Social Security benefits based on her contributions over the years through payroll taxes. She also received and appreciated the Medicare coverage for healthcare expenses. However, by the time she paid for her Medicare supplemental insurance and her prescription medications, she had little discretionary income. The reverse mortgage cash-flow assisted with this need.

SHERMAN

Sherman was married and had a litter of pups on the way. Sherman had completed job training as an electrical engineer. This technical training coupled with his undergraduate management degree made him competitive in the workplace. His career had blossomed and he was now the alpha-dog at work!

Sherman had chewed away at his debt level and had been successful at living within his budget. The sacrifices he had made over the past decade had paid off, but Sherman worried about feeding his new family and the upcoming veterinarian bills. After all, golden retrievers are known for having large litters, ranging between six and fourteen puppies.

Wow! That's a lot of dog food!

As Sherman reflected back over the past decade, he was proud of the financial sacrifices and progress he had made. The changes had been difficult, but he felt an increased sense of control over his own future. He knew that while his debt and spending were both under control, he needed to do more than dog paddle if he wanted to be able to retire. Sherman had started the journey toward financial freedom late in life, which made the hill more difficult to climb. Sherman planned to encourage his own puppies to minimize debt and start saving for retirement at a young age.

Sherman realized that while his parents had given him a fun, easy life as a puppy, the habits he had developed at a young age actually made his adult life much more difficult. Sherman was not going to make the same mistakes with his own puppies. He was going to raise disciplined pups that were purpose driven. He was going to teach his pups to make good financial decisions at each stage of life so they would not have to struggle through the financial difficulties he had experienced.

The journey toward financial freedom starts at a young age. Bella and Sherman were able to reflect back on their young lives and identify how they had evolved in terms of attitude toward money and finance. Sherman's unfortunate lack of training at a young age in the area of money management impacted his self-esteem and confidence. His parents had raised him to the best of their ability, but when it came to money, they were not equipped with financial skills to teach. Financial management is a learned skill that takes life-long discipline and practice.

CHAPTER 10

Teach an Old Dog New Tricks
A Recap of the Financial Basics

A few months later, Sherman and his puppies were enjoying the dog-days of summer while playing fetch in the local dog park. Sherman spotted his littermate, Bella, in the horizon chasing a squirrel. Sherman had felt sorry for Bella when she was a young pup. Her forever home consisted of a low pedigree single parent. He recalled that Bella had to do chores around the house and that her mom did not drive a nice car or get groomed professionally each week. While he felt sorry for her as a pup, Sherman now envied her successes. Recently, Sherman had heard around town that Bella was a smart bitch and had become top dog in her career! He also heard that Bella's puppies had grown up to be independent, smart dogs. It dawned on Sherman that perhaps Bella's mom had given her the tools needed to succeed in life, finances, and her career. Perhaps financial literacy could be passed down from generation-to-generation.

- Spend less than you make
- Follow a budget
- Pay off your debts
- Invest toward retirement every month

Sherman decided to call his littermate, Bella, and ask her for advice. He longed for retirement, and he wanted to continue making progress toward financial freedom. He wasn't sure how to quit trading hours for dollars but felt confident that Bella could help him develop a plan. He also knew it was important to break the cycle of financial illiteracy and to raise his pups in a focused and disciplined manner. Bella had a proven track record in both areas.

Bella was happy to help Sherman. She had learned and practiced many financial basics during her life. From her mom to her finance professor to the many seminars and books she had read on the topic, Bella had a wealth of knowledge to share with her littermate. Bella was a life-long learner and really enjoyed sharing what she learned with others.

Bella encouraged Sherman to use the list below as a starting point down the path to achieving financial freedom:

MONEY MANAGEMENT BASICS & BUDGETING

- Spend less money than you make. No matter how much money you make, if you spend more than you make, you will be broke.
- Make a budget and prioritize your spending based on wants and needs. Revisit your budget every few months and reallocate budgeted amounts based on changes in your life.
- Have a budgeted amount for investing each month and pay yourself first!
- Have an emergency fund consisting of three to six months of living expenses that can be easily accessed.
- Be purpose driven and set goals to achieve goals. Goals should be achievable and measurable. After all, a dog wants praise when a goal is reached!
- Practice delayed gratification. Wait to make purchases until you can afford it.
- Become educated on financial basics at each stage of life. Sound financial practices change based on your age and circumstances.
- Control your money rather than letting your money control you. Don't avoid managing your money. Learn the basics and take charge of your finances.
- Link your career training to future income and spending.

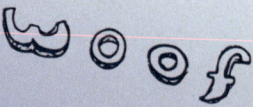

- Refer to and approach college as "career training." The university environment is not for everyone, and not everyone is mature enough for college at age 18.
- Learn effective study habits to put important material in your long term memory.

DEBT & CREDIT

- Borrow as little as possible so you minimize the interest and fees charged and can instead put that money to work toward reaching financial freedom.
- Do not borrow long term unless you are an advanced financier and have a plan for earning a rate of return higher than you will pay on the loan. A 15-year mortgage is the goal for most borrowers, not 30 years. If you have already borrowed for 30 years, pay additional funds toward the balance each month to pay the loan off early.
- Remember the 28/36 rule. No more than 28% of your pre-tax monthly household income should go toward your mortgage payment. This includes the payments to the bank plus property taxes and insurance. No more than 36% of your pre-tax monthly household income should go toward all debt payments (including credit card, student loan, car, and mortgage payments).
- Know how much you have borrowed and the interest rate you are being charged on each loan. This allows you to prioritize as you work to get out of debt.
- Understand your student loans and minimize the

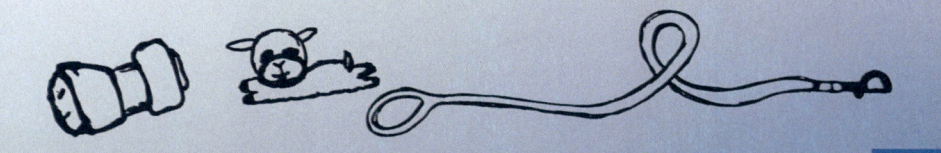

amount you borrow. Train for a specific career after you have researched the potential income and demand for employees in that career. Base the amount of student loan debt on a career for which you will be trained.
- Borrow as little money for automobiles as you can manage. Remember, cars are necessities not investments.
- Stay away from predatory lenders. The interest and fees are extremely high.
- Stay out of credit card debt. Pay the balance in full each month. If you currently have a balance on your credit cards pay, the highest interest card off first. Then work to get them all paid in full.
- Check your credit score regularly and keep it above 700. Remember, higher is better. Having a good credit score results in a better interest rate if you have to borrow money.

HOURS FOR DOLLARS

- Have a plan to end "Trading Hours for Dollars." Make money while you sleep. Two common ways of doing this are by investing or starting your own business.

PROTECTION

- Use insurance to protect your assets, but be careful not to become "insurance poor."

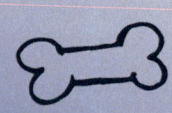

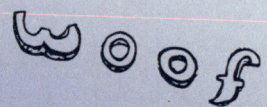

INVESTING

- Know your 401(k) benefits and take advantage of company matches.
- Once you have invested up to the maximum amount matched by your employer, invest in index or mutual funds through a reputable low cost provider.
- If a Roth 401(k) is offered and you qualify based on your income, pick Roth. This will give you more flexibility with your funds and you will not have to pay income taxes on the account principal or earnings at withdrawal.
- If your company does not offer a 401(k), use an IRA to save for retirement. If you qualify for the Roth IRA (based on income), pick Roth.
- For both retirement accounts (401(k)'s or IRA's) and investment accounts, use index funds or mutual funds to diversify your risk.
- For a conservative approach, one hundred minus your age is the percentage you should invest in equity markets. Invest the rest in fixed-income securities and real estate.
- Reallocate your investment portfolio every year or two in order to adjust for your change in age and the subsequent recommended level of risk. Remember, there is a risk/return trade-off.
- Once your debt is paid off and you have one year of salary invested, hire a professional to help manage your money.

GOLDEN COMMANDS FOR WEALTH

Bella encouraged Sherman to have fun with finance and to teach his pups the following dog commands:

STAY!
Stay focused and disciplined toward financial freedom.

SIT!
Sit on your investments long term.

ROLLOVER!
Always rollover your retirement accounts when changing jobs.

SPEAK!
Speak up when you don't understand something or think you are getting ripped off.

PLAY DEAD!
Play dead when a friend tries to rope you in to a network marketing or pyramid scheme.

SHAKE!
Shake off the idea of getting rich quick. Financial freedom comes with focus, hard-work, and discipline. Anything too good to be true, probably is.

ATTACK!
Attack your debt balances and get them paid off!

WAIT!
Wait to make purchases until you have the funds necessary to pay cash. Practice delayed gratification.

FETCH!
Financial Excellence Takes Continuous Hard-work.

With sacrifice and discipline, Sherman reached his financial goals. He was able to pay off his debt and save for retirement. Sherman learned that it is never too late to make positive changes that result in an improved financial situation. Sherman now understood that achieving financial freedom was a life-long journey requiring sacrifice, discipline, and skill. Reaching the destination meant a sense of peace and the ease-of-mind knowing that money would never control his life again. He felt proud of his accomplishments and knew he would live many more dog-years spreading the word on how to make good financial choices!

Sherman felt such a sense of relief and pride that he could not stop smiling! Bella and Sherman remained lifelong friends and enjoyed many years discussing portfolio allocation between fire hydrant stops.

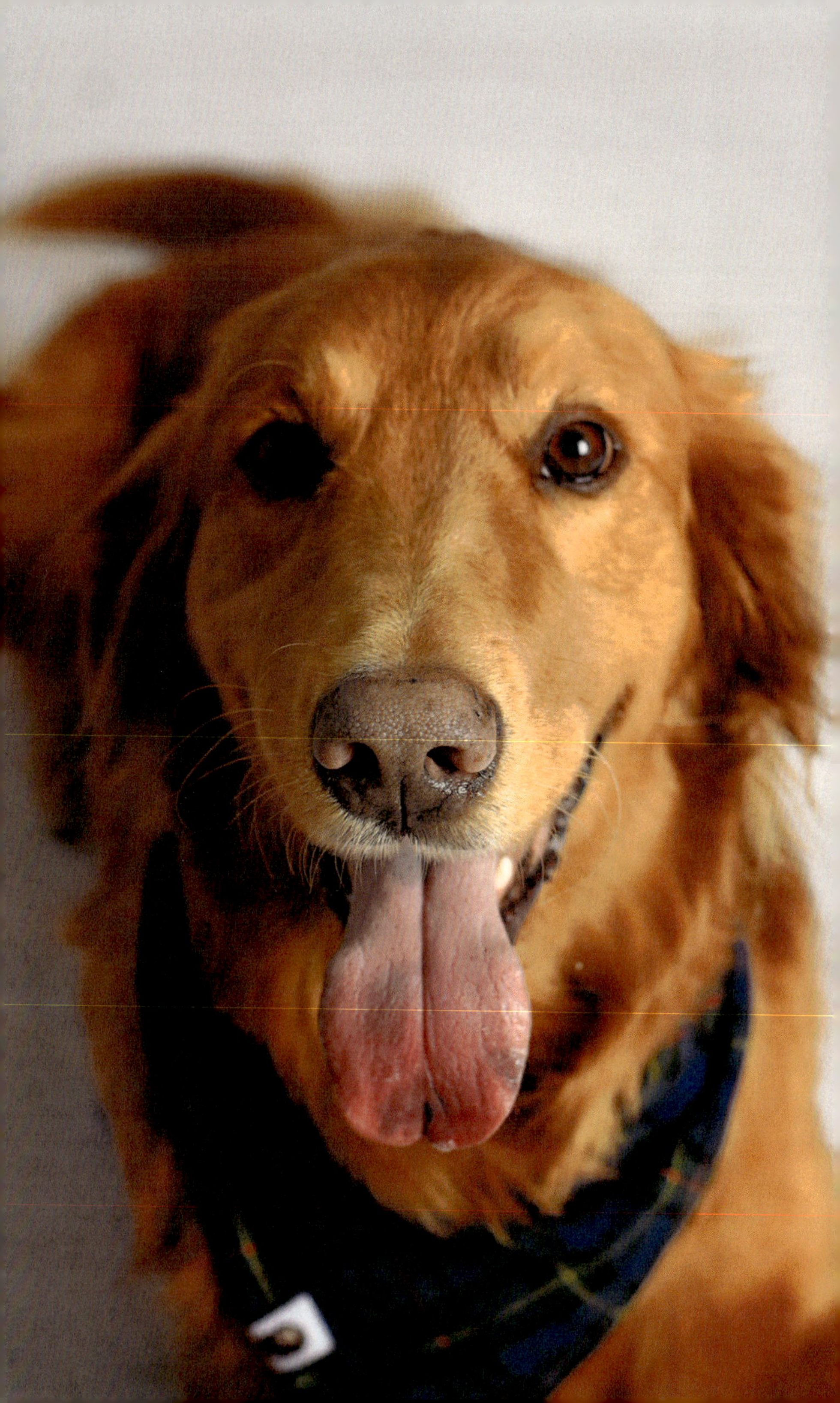

THE END.

A NOTE FROM THE AUTHOR

Financial freedom takes sacrifice, discipline, and hard work. It is both a journey and a destination. While the journey takes sacrifice, reaching the destination results in less stress and a sense of peace and accomplishment. Once you reach the destination, you will never want to leave.

As a university professor, I have spent many years working with young adults to convince them of the importance of taking a proactive and disciplined approach to finance as they begin their journey into adulthood. I continue to be surprised by how many twenty-year-olds know virtually nothing about money. Unfortunately, many young people have not discussed money in detail with their parents. They have no concept of how much money will be needed to live a chosen lifestyle or how the choice of college major will impact their financial future. I am hopeful this book helps with the conversation.

As a mother, I have struggled over the years to teach focus, discipline, and finance to my children in an age appropriate fashion. I understand the difficulty in finding the balance between wanting to give your children everything they want and teaching them delayed gratification. The only challenge greater than obtaining financial freedom is raising children.

As a person, I have spent years fighting temptation to maintain focus and discipline in my own spending. I was not born to parents of financial means, but I was raised by parents with a wealth of common-sense and discipline. I am thankful for the foundation they provided and feel confident that they taught me more through their parenting than was learned during my PhD in finance.

It is never too late to end the cycle of financial chaos. And it is never too late to make financial choices that will bring you closer to financial freedom. With financial freedom comes peace.

This book brings together many stories of students, family, and friends. While some will attempt to identify the story lines, mishaps, and characters, they are truly a culmination of my imagination.

Lastly, Bella and Sherman are wonderful pets that have brought joy and happiness to our family. Both dogs were rescued, and I hope to encourage readers to please consider rescuing a pet.

For more information on financial management concepts or to see additional photos of perfect dogs, please visit the website at www.smartbitchdumbdog.com.

$MART BITCH DUMB DOG *bloopers*

No puppies or dogs were harmed during photography, although I don't know if we can say the same for the humans. Here are some of the bloopers from our photo shoots along with some *puppy* phrases that didn't make the cut.

Pawllywood

Puparazzi

A Note From the Author / **91**

Vanity Fur

Going mutts!

SOURCES

[i] "Survey Finds Great Recession Aftershocks Are Still Rattling Americans." GoBankingRates. 26 June 2017, https://www.gobankingrates.com/making-money/survey-finds-great-recession-aftershocks-still-rattling-americans/ Web. 28 February 2018.

[ii] "Homework and Study Habits: Tips for Kids and Teenagers." Child Development Institute. https://childdevelopmentinfo.com/learning/tips-for-helping-kids-and-teens-with-homework-and-study-habits/#.WpTw8GaZOt8. Web. 25 February 2018.

[iii] Richard C. Mohs "How Human Memory Works" 8 May 2007. HowStuffWorks.com. https://science.howstuffworks.com/life/inside-the-mind/human-brain/human-memory.htm. Web. 28 February 2018.

[iv] "Is Multitasking Bad for Students?" Oxford Learning. Dec 14, 2017. https://www.oxfordlearning.com/multitasking-while-doing-homework-studying. Web. 25 February 2018.

[v] "17 Scientifically Proven Ways to Study Better This Year." The Best Colleges. http://www.thebestcolleges.org/17-scientifically-proven-ways-to-study-better-this-year/ Web. 28 February 2018.

[vi] PACFL (President's Advisory Council on Financial Literacy). (2009, Jan. 9). 2008 Annual Report to the President. https://www.treasury.gov/about/organizational-structure/offices/Domestic-Finance/Documents/exec_sum.pdf Web. 25 February 2018.

[vii] "United States: Percentage of Large-Cap Funds that Underperformed the S&P 500." SPIVA Statistics and Reports. https://us.spindices.com/spiva/#/reports Web. 18 April 2018.

[viii] Kelly Dilworth "Rate survey: Average card APR stays put at 16.41 percent." 14 February 2018. https://www.creditcards.com/credit-card-news/interest-rate-report-021418-unchanged-2121.php Web. 4 April 2018.

[ix] Jessica Dickler "About 57 Million Americans Have No Emergency Savings., 20 June 2017, CNBC" https://www.cnbc.com/2017/06/20/about-57-million-americans-have-no-emergency-savings.html Web. 15 February 2018.

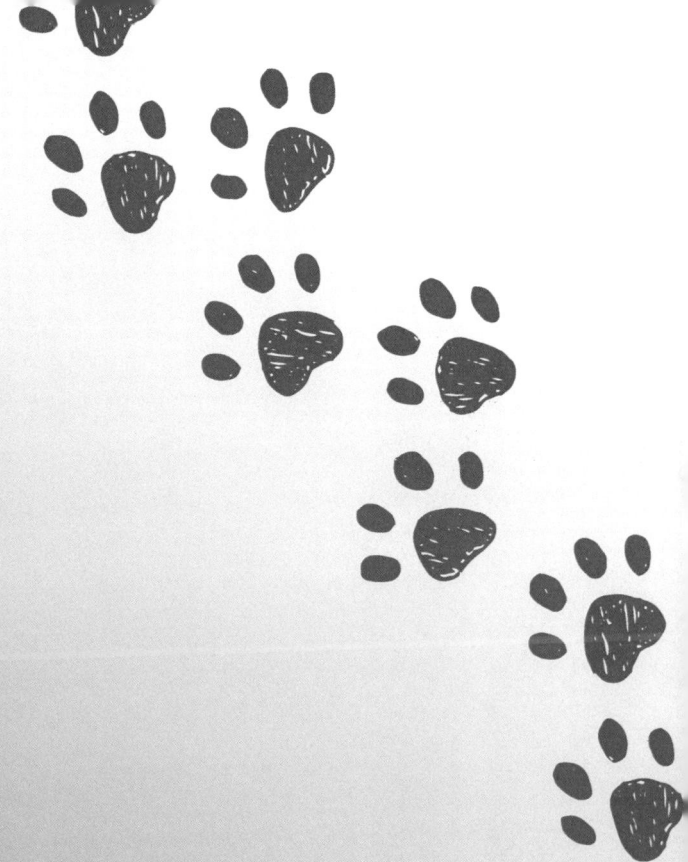